U0146346

书虫杂记

The Book Lovers' Miscellany

〔英〕克莱尔·科克-斯塔基　著

许梦鸽　译

商务印书馆
The Commercial Press

The Book Lovers' Miscellany by Claire Cock-Starkey

Oxford: the Bodleian Library, 2017

中译本译自博德利图书馆出版社2017年版

涵芬楼文化　出品

目录

序

书是人类最安静和最长久的朋友，也是最平易近人和最具智慧的顾问，还是最有耐心的良师。

——查尔斯·威廉·艾略特

书籍，已经以多种形式存在了数千年，教育和激励着我们，并给我们带来欢乐。从最初手工制作的宗教类书籍，到现代迅速更迭的平装本和个人出版的电子书，书籍一直都扮演着至关重要的文化角色。从第一份卷轴和手抄本开始，我们就极力以各种形式收集和分享书籍，保护我们的文化遗产，让人类最宝贵的作品得以流传。

　　一本书的美，不单美在表象，还有书中蕴藏的宝贵财富。书籍充满了可能性——能将读者送到遥远的地方、过去或者未来，让我们能够代入他人的生活、收获新鲜的视角。所以，任何对书籍的赞美，都必须考虑到作家和写作这两个方面。因此，乔治·奥威尔的写作技巧、著名的文学运动、桂冠诗人、反复出现的角色、小说中的虚构语言和著名的图书类奖项只是本书的一部分内容。

　　书籍不仅拥有文学价值，还体现了一部完整的技术史：从纸莎草书卷到手工制作的典籍，再到现代批量生产的小说。《书虫杂记》这本书绘制了一座虚拟的书籍博物馆，囊括了书籍发展的每个方面，从油墨到装订，都在本书中有所探讨。

　　列清单是不可避免的。我在本书中收集和整理了很多书目，包括已知最古老的书、被翻译最多次的书、最受欢迎的儿童读物、被改名的书、由书改编的电影、笔名、古怪的书名和未完成的小说。我尽力将自己对书的热爱转换为易于阅读的小片段，来逗你开心或让你惊讶（或许还能帮你在知识竞赛中赢得一点儿分数）。

　　所有关于书的书都必然可以无限延伸，不断收录更多鲜为人知的事实，掉入密密麻麻的文学"兔子洞"里。但我希望我创造了一场关于书籍、作者和写作的庆典，一次有趣、古怪和迷人的书中乐趣概览，让刚入门的收藏者和老道的藏书家都能为此着迷。

笔 名

作家出于种种原因，会在自己的书出版时使用笔名。勃朗特姐妹最初用男性的名字出版她们的书，以掩饰自己的性别；J. K. 罗琳用"罗伯特·加尔布雷斯"的笔名出版了一本完全不同类型的书（许多作家都会用这一招，比如斯蒂芬·金和露丝·伦德尔）；还有查尔斯·勒特威奇·道奇森（刘易斯·卡罗尔），他创造笔名是为了将自己的学术生涯和写作生涯区分开来。

以下是一些被大众熟知的笔名：

真名	笔名
塞缪尔·兰霍恩·克莱门斯[1]	马克·吐温
查尔斯·勒特威奇·道奇森	刘易斯·卡罗尔
斯蒂芬·金	理查德·巴克曼
安东·契诃夫[2]	无脾人
玛丽·安·埃文斯	乔治·艾略特
弗朗索瓦-玛丽·阿鲁埃	伏尔泰

真名	笔名
夏洛蒂·勃朗特	柯勒·贝尔
艾米莉·勃朗特	埃利斯·贝尔
安妮·勃朗特	阿克顿·贝尔
玛格丽特·阿斯特丽德·林霍尔姆·奥格登	罗宾·霍布
里卡多·埃列塞尔·内夫塔利·雷耶斯·巴索阿尔托	巴勃罗·聂鲁达
史蒂文·比利·米切尔	安迪·麦克纳布
露丝·伦德尔	芭芭拉·维内
C. S. 刘易斯	克莱夫·汉密尔顿
埃里克·亚瑟·布莱尔	乔治·奥威尔
戴维·约翰·穆尔·康韦尔	约翰·勒卡雷
乔安妮·罗琳（J. K. 罗琳）	罗伯特·加尔布雷斯
阿加莎·克里斯蒂	玛丽·韦斯特马科特
尼奇·杰勒德和肖恩·弗伦奇	尼奇·弗伦奇
塞西尔·戴－刘易斯	尼古拉斯·布莱克
威廉·悉德尼·波特	欧·亨利
金斯利·埃米斯	罗伯特·马卡姆

注 释

1　关于塞缪尔·兰霍恩·克莱门斯笔名的起源有很多故事。有人
认为这是来自他曾在密西西比河上驾驶汽船的职业经历，当测
试河水深度，以确定水深是否足够让汽船通过时，船员会喊
"标记二"（mark twain）。"twain"的意思是"二"，表示水深只
有2英寻（约3.6米），这是允许一艘船通过的最小深度。另一个
故事说这个绰号来自克莱门斯喜欢的一种好酒，但囊中羞涩的
他无力负担，据说，他常常光顾弗吉尼亚城的"老酒馆"酒吧，
里面的一面墙上用粉笔写着顾客的账单。克莱门斯经常会要求
他们"记两杯"（即"mark Twain"，用粉笔写下"两杯酒"），
到后来这就变成了他的绰号。克莱门斯曾经亲口讲述的一个故事
也被认为是他笔名的来源：他说他是沿用了以赛亚·塞勒斯
船长的旧笔名"马克·吐温"，老船长曾用这个绰号撰写河流
新闻，但在1863年去世后就不再使用了。哪个故事才是真相，
我们或许再也无从得知。——除另外注明的注释外，均为原注。

2　俄国剧作家安东·契诃夫在其职业生涯中曾使用过大量笔名，
通常都带着一种荒诞意味，比如：六号螺母、我哥哥的弟弟、
乏味的诗人，还有他最常用的、暗示他医学经历的笔名——无
脾人。

三部曲、四部曲、五部曲等

被同一位作者用来讲述一个持续性的故事，里面有相同的角色或者探索同一个主题，这样三本一套的书被称为三部曲。这种写作方式变得日益流行，并广受好评，让作家们得以持续开发一个故事。不过近些年来，同一系列下书籍的册数变多了，最著名的例子是 J. K. 罗琳所著的《哈利·波特》系列共有七部。为了表述这些更长的系列，新的名词诞生了。

以下是用来描述系列作品的词组和一些著名的作品：

两本书——双部曲（dilogy）或两部曲（duology）[1]

如：罗伯特·格雷夫斯《我，克劳迪厄斯》和《被神化的克劳迪厄斯》

三本书——三部曲（trilogy）[2]

如：菲利普·普尔曼《黑暗物质》三部曲

默文·皮克《歌门鬼城》[3]三部曲

保罗·奥斯特《纽约三部曲》

施蒂格·拉森"千禧年"三部曲

四本书——四部曲（tetralogy）或四重奏（quartet）

　　如：斯蒂芬妮·迈耶《暮光之城》四部曲

　　　　三岛由纪夫"丰饶之海"四部曲

　　　　约翰·厄普代克"兔子"四部曲

五本书——五部曲（pentalogy）或五重奏（quintet）

　　如：詹姆斯·达什纳《移动迷宫》系列

　　　　琳内·里德·班克斯《魔柜小奇兵》系列

　　　　道格拉斯·亚当斯《银河系搭车客指南》系列[4]

六本书——六部曲（chexalogy）或六重奏（sextet）

　　如：弗兰克·赫伯特《沙丘》六部曲

　　　　安东尼·特罗洛普《巴塞特郡纪事》

七本书——七部曲（heptalogy）

　　如：J. K. 罗琳"哈利·波特"系列

　　　　C. S. 刘易斯《纳尼亚传奇》

　　　　马塞尔·普鲁斯特《追忆似水年华》

注 释

1　该定义存有争议，关于正确术语的说法不一。有些人用"双联画"（diptych）这个词，虽然严格意义上来说这个词只适用于一个故事被分散到了两本书里的情况。

2　或许最著名的三部曲系列——J. R. R. 托尔金的《魔戒》根本不能算作是三部曲。托尔金将故事视作一个整体，他的书被分成三本是由于第二次世界大战导致的纸张资源短缺。

3　该作品原本的构想是一个持续更新的系列，但因作者皮克的去世而中断，所以这个三部曲并非是有意形成的。

4　亚当斯喜欢将他的书描述为"分成五部分的三部曲"。

纸莎草

纸莎草（*Cyperus papyrus*）生长在整个尼罗河谷，自公元前约3000年就被古埃及人用来制作用于书写的纸质材料。制作纸莎草，要先将纸莎草植物的茎并排放置，然后在上面呈直角再铺一层，接着附以重量将其脱水。在罗马时代，纸莎草的使用传播到欧洲，到1022年之前，教皇诏书一直被抄录在纸莎草上。但纸莎草在欧洲的气候下容易被降解，所以在11世纪造纸技术从中国被引入欧洲之前，犊皮纸（见第36页）和羊皮纸更为常用。

一些纸莎草古代卷轴从埃及留存下来，包括《亡灵书》。[1] 18世纪末，意大利那不勒斯附近的赫库兰尼姆出土了一整套烧焦的纸莎草卷轴，它们因公元79年的维苏威火山喷发被掩埋。这些受损的卷轴曾是那不勒斯国王送给拿破仑的礼物，现藏于巴黎的法兰西学院图书馆，科学家们正在那里扫描和破译卷轴上的内容。

注 释

1 《亡灵书》是一本古埃及书籍，它从19世纪开始被称为"亡灵书"，古埃及人则称呼这些经文为"有关白日飞出（墓室）的咒语"。书中指导人们如何在死后进入冥国。因为每一本都是抄写员誊抄而成，并加以定制，所以当时只有权贵之人才能拥有。纸莎草卷轴被卷起放置在雕像内，或塞在木乃伊的尸体旁边，并密封在墓穴中。目前被发现的最古老、最完整的《亡灵书》可以追溯到公元前950年，是为一位大祭司的女儿内斯塔内比舍鲁制作的。这本图画精美的的莎草纸卷轴原有37米长，但被分成96个单独的面板，以便在大英博物馆进行研究和保存。

联合国教科文组织世界图书之都

自2001年以来，联合国教科文组织每年都会选出一个城市作为世界图书之都，期限为一年，从4月23日的世界读书日（见第166页）持续到翌年的这个时候。为了选出一座图书之都，联合国教科文组织在与国际出版商协会、国际图书馆协会联合会和国际书商联合会的协商之下，共同评选出一座城市，在接下来的一年中举行盛大活动以鼓励推广书籍和阅读。

从2001年至今诞生的图书之都有：

2001年　马德里（西班牙）

2002年　亚历山大（埃及）

2003年　新德里（印度）

2004年　安特卫普（比利时）

2005年　蒙特利尔（加拿大）

2006年　都灵（意大利）

2007年　波哥大（哥伦比亚）

2008年　阿姆斯特丹（荷兰）

2009年　贝鲁特（黎巴嫩）

2010年　卢布尔雅那（斯洛文尼亚）

2011年　布宜诺斯艾利斯（阿根廷）

2012年　埃里温（亚美尼亚）

2013年　曼谷（泰国）

2014年　哈科特港（尼日利亚）

2015年　仁川（韩国）

2016年　弗罗茨瓦夫（波兰）

2017年　科纳克里（几内亚共和国）

2018年　雅典（希腊）

2019年　沙迦（阿拉伯联合酋长国）

2020年　吉隆坡（马来西亚）

禁　书

多年以来，由于被控淫秽、诽谤、异端邪说[1]和包含国家机密，许多书被禁。审查制度本身可以很好地揭示社会态度和道德观念的变化。以下是一些著名的禁书：

《间谍捕手》——彼得·赖特

前军情五处情报官员彼得·赖特试图在1985年出版他的自传《间谍捕手》，但遭到了英国政府的阻挠，政府以国家安全受到威胁为由下了一道禁令阻止该书在英国出版。不过，虽然法律上的斗争还在继续，这本书已经在苏格兰和澳大利亚出版了。到了1988年，英国上议院的高级大法官们裁定这本书可以在英国出版，因为书中的秘密已被揭露。引起的争议自然让这本书成为一本国际畅销书。

《查泰莱夫人的情人》——D. H. 劳伦斯

《查泰莱夫人的情人》从1928年在英国被禁，直到1960年受审：这是英国有史以来最著名的淫秽案件之一。这本书讲述了一位上流社会女性和一位工人阶级男性之间的通奸故事，书中使用了露骨的意象和性爱语言，在当时是十分罕见和惊世骇俗的。在一条新的猥亵法令的压力之下，该书的出版商企鹅出版社因为证实了这本书拥有极高的"文学价值"，而被宣判无罪。

《西线无战事》——埃里克·马里亚·雷马克

这是一本从1928年开始连载的德国小说，描述了第一次世界大战期间堑壕战的惨状，《西线无战事》被视为一部伟大的反战作品，突出讲述冲突是毫无益处的。在出版时，这本书引发了许多战争亲历者的共鸣，后来被改编成一部非常成功的好莱坞电影。然而，随着纳粹党上台，许多人开始批判这本书诋毁了德国在战争中的付出，并指责雷马克夸大战争的暴行，旨在推广他的和平主义理念。纳粹认为这本书完全有悖于他们的意识形态和他们希望展现的完美德国士兵的形象，所以这本书被公开烧毁，并禁止销售。

《日瓦戈医生》——鲍里斯·帕斯捷尔纳克

这部浪漫的杰作于1958年出版，但立即遭到斯大林政府的镇压，他们指责帕斯捷尔纳克将俄国革命前的生活浪漫化，这诬蔑了农民的斗争。这本书被拆成多个部分从苏联走私出来，之后在世界各地被翻译和出版，并获得了极高的评价，让帕斯捷尔纳克在1958年获得了诺贝尔文学奖。这本书的成功对帕斯捷尔纳克来说并无作用，因为他不但被禁止领奖，还被苏联作家联盟除名，这断送了他的写作生涯。帕斯捷尔纳克于1960年去世，未能看到1965年上映的、由他的书改编的同名电影，这部电影由奥马尔·谢里夫扮演主角日瓦戈医生。1987年，作为米哈伊尔·戈尔巴乔夫改革的一部分，《日瓦戈医生》终于得以在苏联出版。

《1984》——乔治·奥威尔

这部反乌托邦小说于1949年首次出版，奥威尔对极权主义政权的恐怖想象从那时起就惹怒了当局。在斯大林的指示下，这本书因被认为是在批判苏维埃政权而在苏联被禁；还因其包含毫不遮掩的政治内容，在美国的学校和图书馆一再被禁（遭投诉或被没收），使得这本书成为美国图书馆协会（ALA）五大禁书之一。

《尤利西斯》——詹姆斯·乔伊斯

这部现代主义小说讲述了都柏林人利奥波德·布卢姆在一天中发生的故事，于1918年首次连载，在1922年被编成一整部书在巴黎出版，随即引起了当局审查者的注意。这本书的风格颇具挑战性、开创性，它使用意识流的叙述，涵盖了主人公布卢姆生活中最微小的细节（包括一些非常亲密的时刻）。因为触犯淫秽律法，这本书在英国和美国立刻遭禁。1933年，一位美国法官裁定该书并非色情书籍，因此不属于淫秽作品。从那时起，美国成为第一个可以自由阅读《尤利西斯》的英语国家。

《撒旦诗篇》——萨勒曼·拉什迪

当拉什迪的第四部小说于1988年出版时，书中对于先知穆罕默德的描绘立刻引发了穆斯林社区的不安。时任伊朗最高领袖的阿亚图拉·霍梅尼向拉什迪发出一项宗教裁决，敦促穆斯林民众追杀他，因为他亵渎了神灵。随后，《撒旦诗篇》在许多国家被禁，包括印度、孟加拉国和苏丹，并在世界各地遭受示威反对和公开烧毁。针对拉什迪的这道追杀令被谴责为对言论自由的威胁，作者本人也被迫躲藏多年。随着时间的推移，这场争议已经逐渐平息，但时至今日，伊朗还是拒绝正式撤销这道追杀令。

《寂寞之井》——拉德克利夫·霍尔

这本出版于1928年、描写两位女性之爱的书在英国被禁，因为人们担心读这本书会导致同性恋情爆发。法院裁定该书属于"淫秽性诽谤"，被下令全部销毁。霍尔去世后，它最终得以在1949年于英国出版，很多读者都惊讶地发现，书中描写的最不雅的场景，是两个女人分享了一个相对纯洁的吻。

《愤怒的葡萄》——约翰·斯坦贝克

这本关于大萧条时代农民故事的书于1939年出版，因其对乡村贫民的描述令人震惊，被禁止进入美国各地的学校和图书馆。今天的我们很难想象，一本关于贫苦农民从密苏里州、德克萨斯州和俄克拉荷马州向加利福尼亚州大规模迁移的书为什么会引起这样的反应，但在当时，当局对移民的涌入和处置仍缺乏经验，而斯坦贝克在书中对这一问题的大胆描写被一些人认为具有煽动性。

注　释

1　从约1559年到1966年，罗马天主教一直保留着《禁书目录》，其中收录了被认为是不道德和异端的书籍名单。该目录建议禁止这些书籍出版或者删除某些段落。在这些年中，有数百本书被列入该目录，包括约翰·洛克的《人类理解论》（1689年）、伏尔泰的《憨第德》（1759年）、爱德华·吉本的《罗马帝国衰亡史》（1776—1789年），以及埃米尔·左拉的全部作品。

第一本在亚马逊上被订购的书

如今的亚马逊是一家市值超过3000亿美元的线上购物巨头，但早在1995年，它只是一家诞生于杰夫·贝索斯家车库的网上书店。在亚马逊上被订购的第一本书是侯世达撰写的科学巨作《流体概念和创意类比：基本思想机制的计算机模型》。这份订单是计算机科学家约翰·温赖特在1995年4月3日提交的，他是几位受命对这项新兴业务进行测试的人之一。温赖特至今仍自豪地保存着亚马逊送来的那本书和装箱单，作为售书史中的一小部分。20多年后的今天，我们依然能在亚马逊上买到《流体概念和创意类比》这本书。

作品被翻译次数最多的作家

早在1979年，联合国教科文组织就开始筹划一份目录，其中盘点了全世界被翻译次数最多的作家作品。这份目录被称作"译文索引"，其中排名前十的作品被翻译次数最多的作家（1979—2016年）如下：

作者	版本数[1]
阿加莎·克里斯蒂	7233
儒勒·凡尔纳	4751
威廉·莎士比亚	4281
伊妮德·布莱顿	3921
芭芭拉·卡特兰	3648
丹妮尔·斯蒂尔	3628
弗拉基米尔·伊里奇·列宁	3592
汉斯·克里斯蒂安·安徒生	3520
斯蒂芬·金	3354
雅各布·格林	2977

注 释

1 该列为不同翻译版本的数量。

摇篮本

摇篮本是早期印刷的书籍和小册子。约翰尼斯·谷登堡发明的活字印刷机（见第130页）促成了一次重大的技术飞跃，为图书行业带来了巨大的变化。突然之间，曾经需要耗费大量时间进行手工复印和手工木版印刷的书，现在可以大量和快速地印刷了。

第一本印刷书籍于1455年出版，从那时起到1501年在欧洲产出的书籍（结束日期不定）被统称为"摇篮本"。这一术语最早是伯恩哈德·冯·马林克罗特在1639年创造的，当时他制作了一本小册子来庆祝活字印刷200周年纪念，叫作《论印刷术的兴起与发展》。马林克罗特使用拉丁语单词"incunabula"（大致意思为"摇篮"）来描述这种当时正处于起步阶段、发展中的书籍艺术。

据称，有28 000册的摇篮本被保留至今。大英图书馆拥有世界上最大的摇篮本藏书量，超过了10 000册。威尼斯、巴黎和罗马是摇篮本最大的生产中心，最常使用拉丁语进行印刷。

乔治·奥威尔的写作技巧

在乔治·奥威尔1948年的文章《政治与英语语言》中，他对某些糟糕的书面用语提出了批评，并给出了以下关于写作的宝贵技巧：

◆ 永远不要使用隐喻、明喻或者其他你在出版物中常见的修辞手法。

◆ 能用短词就不要用长词。

◆ 如果能删掉一个词，就一定要删掉。

◆ 能用主动语态就不要用被动语态。

◆ 如果能想到日常的英语对应词，就不要用外来短语、科学用语或者专业术语。

◆ 避免粗俗用语，为此可以打破以上规则。

续写小说

那些大获成功、受人喜爱的小说总让读者感到意犹未尽，并能激发作家同行的想象力，为我们最爱的角色预测未来的冒险和最终的结局。以下是由其他作者续写的著名小说：

原作	续作
《傲慢与偏见》	《死亡降临彭伯利》[1]
作者：简·奥斯汀	作者：P. D. 詹姆斯
《银河系搭车客指南》	《还有另一件事》
作者：道格拉斯·亚当斯	作者：约恩·科尔费
《万能管家》系列	《吉夫斯和婚礼钟声》
作者：P. G. 沃德豪斯	作者：塞巴斯蒂安·福克斯
《谋略大师》长篇小说	《天衣无缝》
作者：悉尼·谢尔登	作者：蒂莉·巴格肖
"千禧年"三部曲	《蜘蛛网中的女孩》
作者：施蒂格·拉森	作者：戴维·拉格克兰斯
《福尔摩斯探案集》	《丝之屋》
作者：阿瑟·柯南·道尔	作者：安东尼·霍罗威茨

原作	续作
"007"系列	《007归来》
作者：伊恩·弗莱明	作者：塞巴斯蒂安·福克斯
	《单飞》
	作者：威廉·博伊德
	《孙上校》
	作者：罗伯特·马卡姆[2]
"菲利普·马洛"系列	《黑眼睛的金发女郎》
作者：雷蒙德·钱德勒	作者：本杰明·布莱克[3]
"大侦探波洛探案"系列	《白罗再起：伦敦死亡聚会》
作者：阿加莎·克里斯蒂	作者：索菲·汉娜

注 释

1 《傲慢与偏见》催生了大量续作、翻写和衍生作品，因此我选择
  了一位知名作家的作品。
2 罗伯特·马卡姆是金斯利·埃米斯的笔名，这本1968年出版的
  续写小说是早期由著名作家创作的小说之一。
3 本杰明·布莱克是约翰·邦维尔诸多笔名中的一个。

缮写室

在印刷书籍出现之前，书籍是靠手工创造、复制和装帧的。大多数书籍是抄写员在修道院里制作的，缮写室（字面意思是拉丁语"一个用于写作的地方"）是抄写员工作的专用房间。缮写室并不是永久性的固定设施，在修建一座图书馆时，可以建一个临时的缮写室用来复制馆内藏书，在储备完成后再调整它的用途。圣奥尔本斯修道院的记载证明，11世纪卡昂修道院的院长保罗（任期为1077—1093年）在为修道院捐赠资金后，在那里建造了一座缮写室。这份记载显示，该间缮写室位于修士会礼堂的上方，只有一间房间。缮写室里，人们协同工作，许多僧侣、抄写员和书籍彩饰匠人会在一起制作已经写完的手抄本。11世纪索尔兹伯里大教堂的一些中世纪文稿显示，制作一本手抄本会需要八个不同的工人，有时候会在誊抄一句话的过程中就换人。

中世纪的缮写室在早期书本制作中发挥了巨大的作用，但随着印刷机的问世，非宗教书籍产量倍增，缮写室也逐渐失去了其重要性。

法兰克福书展

法兰克福书展（在德国叫"法兰克福图书博览会"）是世界上规模最大、最出名的书展，距今已有500多年的历史。该书展本质上是一个贸易展销会，出版商、书商、作家和插图画家会集于此，向全世界销售和推广他们的作品。

据说，首届法兰克福书展举办于1487年，那时距美因茨市附近的印刷厂印出第一本书已经过去了20多年。牛津大学博德利图书馆也确有记载表明，托马斯·博德利爵士曾在17世纪前往法兰克福书展为该校图书馆采购书籍。

18世纪，天主教审查制度的压力、战争和来自莱比锡书展的竞争都削弱了法兰克福书展的知名度，使得它在1764年停办。

到了1949年，第二次世界大战结束后，法兰克福书展恢复举办，时间在每年10月，很快就再次成为世界上最受欢迎的书展。

以下是法兰克福书展相关的一些统计数据：

德国参展商数量	2428（34%）
国际参展商数量	4717（66%）
参展国家数量	104
参观者数量[1]	275 791
专业观众数量	170 169
普通观众数量	105 622

按出席人数排列的前十类专业观众[2]为：

1. 出版商

2. 书商

3. 图书馆馆长及馆员

4. 图书作者

5. 讲师、教师、教育工作者

6. 设计师、平面艺术家、插图画家

7. 记者

8. 大学、科研机构人员

9. 印刷厂工作人员、图书制造商

10. 编辑

注 释

1 数据来自2015年法兰克福书展。

2 数据来自2014年法兰克福书展。

反复出现的角色

有些作者似乎太过喜欢自己创造的某个角色，所以忍不住一次又一次地写到他们，而且往往是在一个完全不相关的故事里。以下是几位让自己的角色反复出现的作者和那些角色所在的作品，当然，这份书单还不够详尽：

戴维·米切尔是精通此道的大师，他经常将角色从一本书传送到另一本书里，有时只是一个龙套角色，有时是主要角色。在他2006年出版的《绿野黑天鹅》中，雨果·兰布只是主角贾森的一位浮夸俗气的堂兄，但在2014年的《骨钟》里，他成了一个更加邪恶也更加圆滑的人物。马里纳斯这个角色在2010年的《雅各布·德佐特的一千个秋天》《骨钟》和2015年的《斯莱德大宅》里都出现过，米切尔通过这一角色探讨了自己对轮回转世的思考。在1999年的《幽灵代笔》中，路易莎·雷伊给一个广播站打了个电话，之后又以一位记者的身份在2004

年的《云图》中出现。米切尔的粉丝们乐于在他的作品中找寻这些反复出现的角色，据统计，数量已超过20个。

斯蒂芬·金喜欢在书中重游故地和重复使用角色，他在自己的小说中编织了一张具有内在联系的现实网络。例如：《末日逼近》（1978年）、《黑暗塔》（1982年）、《失眠》（1994年）和《黑屋》（2001年）中的兰德尔·弗拉格。在1986年出版的《小丑回魂》中甚至有一个更为随意的转折：埃迪·卡斯普布拉克是被"它"折磨的孩子中的一个，居住在保罗·谢尔登家隔壁，而保罗是斯蒂芬随后的一本小说《危情十日》中的主角。

库尔特·冯内古特的作品中反复出现基尔戈·特劳特这一角色。特劳特被描写成一个怀才不遇的科幻作家，但他的外貌和生日等细节在不同的作品中都有所变化。有人说特劳特实际上是冯内古特的另一个自我。基尔戈·特劳特出现在《上帝保佑你，罗斯瓦特先生》（1965年）、《第五号屠宰场》（1969年）、《冠军早餐》（1973年）、《囚鸟》（1979年）和《时震》（1997年）中。

村上春树的手法更为微妙，他有时会让一些相当次要的人物在书中重复出现。命运悲惨、外表丑陋的牛河首次登场是在1994年的《奇鸟行状录》中，之后又在2009年的《1Q84》中出现。

布雷特·伊斯顿·埃利斯会使用重复的角色和地点，那是他就读过的一所文理学院——贝宁顿学院（在佛蒙特被重命名为卡姆登学院）[1]——曾在他的一些书中出现过。所有角色中，埃利斯对帕特里克·贝特曼最为长情。他是1991年《美国精神病人》的主角，还出现在1987年的《情爱磁场》和1998年的《格拉莫拉玛》中，而他的弟弟肖恩·贝特曼则出现在《情爱磁场》《线人》和2005年的《月球公园》中。

注 释

1　有趣的是，埃利斯在本宁顿学院遇到了另一位作家唐娜·塔特，她在自己1992年的书《秘史》中创造了该学院的另一个版本：汉普登学院。

犊皮纸

"犊皮纸"（vellum）这个词源自拉丁语词汇"velin"和法语词汇"veau"，或英语"veal"，意为一种用小牛皮（偶尔也会用羊羔皮或幼儿皮肤）制作的上等纸及其古老的制作方法。在公元前5世纪后的罗马时期，从埃及进口纸莎草的成本飙升，被认为是促使犊皮纸流行起来的原因——尽管由于过高的成本和复杂的制作方法，这种纸仍然是一种奢侈品，只用于当时最好的书籍和手抄本。制作犊皮纸时，需要将小牛皮浸泡在石灰中至少8天，以去除其毛发和脂肪。然后，将牛皮拉伸并反复刮擦、撑在架子上晾干，使犊皮纸达到均匀的厚度。到了15世纪，印刷机开始投入使用，犊皮纸继续被用于制作书籍，被视为一种更奢华也更持久的纸张替代品。事实上，世界上第一部印刷书籍《谷登堡圣经》（见第70页）留存至今的49本成书中，有12本被印在了犊皮纸上。

15世纪中叶，随着制纸工艺的提升（见第163页），纸张的成本大幅降低；同时，随着印刷业的发展，犊皮纸生产商很难达到产量需求，于是更容易采购的纸张很快取而代之。犊皮纸仍被用于装订，一些早期书籍还保有原始的犊皮纸封面。然而，雕花皮很快变成一种时尚，犊皮纸成了一种为小众市场所钟爱的产品。

2016年2月，英国宣布上议院将停止用犊皮纸印制法案，要为长达千年的传统画上句号。在引发一片哗然之后，上议院迅速推翻了这一决定，理由是为英国现存唯一一家犊皮纸生产商的未来感到担忧。

由书改编的电影

许多名著被直接改编成电影，取得了不同程度的成功。不过，不太为人所知的是，一些小说、非虚构作品和儿童书籍，也为电影人提供了灵感，让他们基于这些作品创作出设定更为宽松的电影。

下列电影都受到了书的启发：

《虎胆龙威》（1998 年）

这部广受欢迎的电影改编自一本1979年的惊悚小说《世事无常》，作者是罗德里克·索普。

《兰博：第一滴血》（1982 年）

戴维·莫雷尔的原著《第一滴血》（1972年）激发了这部电影的灵感，它讲述了一名越南战争老兵的逃亡故事。与许多改编作品一样，小说中的情节在电影中有所改动。

《爸爸爱妈妈》（1961 年）

这部迪士尼电影改编自埃利克·克斯特纳在1940年出版的德国小说《两个小洛特》（英语版叫《洛蒂和莉萨》）。

《全金属外壳》（1987 年）

斯坦利·库布里克改编（并重构）了古斯塔夫·哈斯福德1979年的小说《短期服役》，拍成了一部讲述越南战争时期故事的代表性影片。

《贱女孩》（2004 年）

这部关于美国高中青少年小团体的电影，很大程度上是根据罗莎琳德·怀斯曼的励志类非虚构作品《女王蜂与跟屁虫》（2002年）改编的。

《独领风骚》（1995 年）

这部经典的青少年喜剧电影改编自简·奥斯汀1815年的作品《爱玛》。

《贫民窟的百万富翁》（2008 年）

这部获得奥斯卡奖的电影改编自维卡斯·斯瓦鲁普2005年的作品《问与答》。

《百万美元宝贝》（2004 年）

这部电影改编自2000年的一部短篇小说集《燃烧的绳索：拳击角落的故事》，作者是F. X. 图尔，即拳击教练杰里·博伊德。

《小猪宝贝》（1995 年）

这部电影改编自备受喜爱的儿童书《牧羊猪》（1983年），作者是迪克·金－史密斯。

《惊魂记》（1960 年）

阿尔弗雷德·希区柯克这部影响力巨大的恐怖电影，改编自罗伯特·布洛克在1959年出版的同名小说。[1]

《好家伙》（1990 年）

改编自尼古拉斯·皮莱吉1986年的作品《聪明人》。

《银翼杀手》（1982 年）

这部电影的灵感源自菲利普·K. 狄克1968年的作品《仿生人会梦见电子羊吗？》。

《社交网络》（2010 年）

这部电影改编自一部2009年的非虚构作品《Facebook：关于性、金钱、天才和背叛》，作者是本·麦兹里奇。

《生活多美好》（1946 年）

这部电影改编自菲利普·范·多伦·斯特恩于1943年创作的一部短篇小说《伟大的礼物》。

注 释

————

1 希区柯克极力想为电影的剧情保留悬念，所以曾试图买下市面上的每一本《惊魂记》。

第一部英语印刷书
《特洛伊历史故事集》

威廉·卡克斯顿（约1442—1492年）是书籍印刷的先驱者，他制作了第一部英语印刷书。

拉乌尔·勒菲弗的《特洛伊历史故事集》最初是用拉丁语写成的，早期的大多数印刷书籍都是以这种语言写成的。卡克斯顿认为，由于特洛伊的古代英雄据说是勃艮第公爵的祖先，所以可以将这部作品翻译成英语，当作一份绝佳的礼物献给勃艮第公爵的新婚妻子、英国国王爱德华四世的妹妹——约克的玛格丽特。卡克斯顿花了三年时间翻译这部作品，之后，受在科隆看到的早期印刷书籍的启发，他决定打破传统：他没有靠抄写员手写文本和手工装帧书籍，而是将这本书印刷了出来。

当时，很少有拉丁语书以外的印刷书籍。只有几本意大利语印刷书，比如薄伽丘的《十日谈》（1470年），还有几本德语的印刷本《圣经》。1473年，卡克斯顿在弗兰德（也有可能是在根特或布鲁日）架设起了一台印刷机来印刷这部作品。据了解，只有18本成书留存至今，其中一本以超过100万英镑的高价被拍卖。

英国版权简史

版权的概念起源于英国出版同业公会（手抄本作者、印刷工和书籍彩饰匠人的公会组织，见第84页），在15世纪，它几乎垄断了图书生产行业。因此，那些想卖书的人需要向公会注册他们的权利。英国出版同业公会持有的作品经过注册后，印刷商和作者在一段时期内就拥有了这些作品的独家制作权，这实际上是一种早期的版权概念。

版权法起源于1709年通过的《安妮法令》，该法令承认出版商对其作品享有14年的版权期限。这是世界上通过的第一部版权法，奠定了知识产权的基础。之后，英国还通过了一些单独的立法来保护音乐和艺术品的版权。在1911年，英国通过了一项包罗万象的新法律：《1911年版权法案》。该法案将版权期限延伸至作者、艺术家和音乐家死后50年。《1988年版权、外观设计和专利法》对版权法做了进一步的定义和更新，将作家、音乐家、艺术家和其他创作者都纳入了适用对象范畴中，并将作品的版权期限，从作品的最后一位创作者去世的最后一个日历月延长至此后70年。

一些著名的文学运动

浪漫主义 发生在18、19世纪的一场运动，在诗歌领域最为出名。该运动的理念包括拒绝理性力量和对一种理想化、田园式的过去的向往。其中的关键人物有：威廉·华兹华斯（1770—1850年）、塞缪尔·泰勒·柯尔律治（1772—1834年）、乔治·戈登（拜伦勋爵，1788—1824年）、珀西·比希·雪莱（1792—1822年）和维克多·雨果（1802—1885年）。

超验主义 19世纪中期美国独有的一场理想主义运动，关注的是内心精神的表达，使得思想从日常的沉闷劳作中解脱。其中的关键人物有：拉尔夫·沃尔多·爱默生（1803—1882年）、玛格丽特·富勒（1810—1850年）和亨利·戴维·梭罗（1817—1862年）。

现实主义 现实主义运动旨在叙述当下的生活，记录每一刻的微小细节，不带评判地讲述故事，这使得小说更关注人物而不是情节。其中的关键人物有：奥诺雷·德·巴尔扎克（1799—1850年）、查尔斯·狄更斯（1812—1870年）、乔治·艾略特（1819—1880年）、古斯塔夫·福楼拜（1821—1880年）和列夫·托尔斯泰（1828—1910年）。

自然主义 自然主义是现实主义运动的合理发展，它脱离了自由意志的观念，并假定人物是所处社会环境的受害者。一部自然主义小说几乎是以纪实方式写作而成，对人物进行叙述而不加评论。其中的关键人物有：埃米尔·左拉（1840—1902年）、伊迪丝·华顿（1862—1937年）和斯蒂芬·克莱恩（1871—1900年）。

现代主义 现代主义文学出现于20世纪初，见证了个人主义和实验主义的发展，是对之前维多利亚时代思维方式的直接挑战。其中的关键人物有：弗吉尼亚·伍尔夫（1882—1941年）、埃兹拉·庞德（1885—1972年）、T. S.艾略特（1888—1965年）和斯科特·菲茨杰拉德（1896—1940年）。

存在主义 通常被描述为一种看待生活的消极方式，关注的是个体在生活中寻找自我的意义。在文学方面，存在主义有时会通过生活的荒谬性来表达，书中的人物会陷入无法控制的困境。其中的关键人物有：费奥多尔·陀思妥耶夫斯基（1821—1881年）、弗朗茨·卡夫卡（1883—1924年）和阿尔贝·加缪（1913—1960年）。

后现代主义　一定程度上是对现代主义的回应，该主义的成形是出于对意识形态的不信任、创作过程中的自我意识，以及认为一切皆非原创、因为所有事在之前都已被做过的观念。这使得作家们不再受旧思想和主题的束缚，而是以一种全新的、通常是激进的方式重新审视它们。其中的关键人物有：艾丽斯·默多克（1919—1999年）、多丽丝·莱辛（1919—2013年）、库尔特·冯内古特（1922—2007年）、约翰·阿什伯利（1927—2017年）、约翰·巴思（1930—　）和杰弗里·希尔（1932—2016年）。

文学世家

有时候文学天赋似乎流淌于血液之中。以下都是著名的文学世家：

夏洛蒂·勃朗特（1816—1855年）、艾米莉·勃朗特（1818—1848年）和安妮·勃朗特（1820—1849年）是亲生的三姐妹，她们的著作分别是《简·爱》（1847年）、《呼啸山庄》（1847年）和《荒野庄园的房客》（1848年）。

玛丽·沃斯通克拉夫特（1759—1797年）是一位作家和哲学家，她最出名的作品是《女权辩护》（1792年）。她嫁给了激进的哲学家威廉·戈德温（1756—1836年），他们的女儿叫玛丽·雪莱（1797—1851年），她写了著名的《弗兰肯斯坦》，而她的丈夫是浪漫主义诗人珀西·比希·雪莱（1792—1822年）。

获得布克奖的作家和诗人A.S.拜厄特（1936— ）是小说家玛格丽特·德拉布尔（1939— ）的姐姐。据新闻报道，由于从童年时代便开始的激烈竞争，这对姐妹的关系已经疏远。同时，因为她们的作品中都带有自传成分，所以她们不会阅读对方的书。

金斯利·埃米斯（1922—1995年）和他的儿子马丁·埃米斯（1949—　）都入选了《泰晤士报》评选的1945年以来最伟大的50位英国作家名单。金斯利是一位非常高产的作家，他写过20多部小说和多部诗歌集，还有电视和广播剧本，以及一本回忆录。他儿子马丁的作品数量虽不及父亲，但他的成就在同代人中一样获得赞誉。

雅各布·格林（1785—1863年）和威廉·格林（1786—1859年），更为人熟知的名字是"格林兄弟"，他们在一起工作多年，收集、保存和改写流行的民间故事。

意大利诗人加布里埃莱·罗塞蒂（1783—1854年）有四个孩子，每个孩子在艺术上都取得了不同的成就：克里斯蒂娜·罗塞蒂（1830—1894年）是著名的浪漫主义诗人；但丁·加布里埃尔·罗塞蒂（1828—1882年）是一位艺术家、插画家和诗人；威廉·米夏埃尔·罗塞蒂（1829—1919年）是一位艺术评论家；玛丽亚·弗兰切斯卡·罗塞蒂（1827—

1876年）也是一位作家。他们的舅舅约翰·威廉·波利多里（1795—1821年）曾是拜伦勋爵的医生，也是第一本英语吸血鬼小说《吸血鬼》（1819年）的作者。

未完成的小说

一部小说可能因为一些原因而未能完成：作者的去世、创作方向的改变，或者仅仅是作者遇到了瓶颈。以下是一些著名作家未完成的作品：

查尔斯·狄更斯《艾德温·德鲁德之谜》

狄更斯于1870年去世，享年58岁，他留下的这本书几乎只写了一半：他完成了原计划12个月连载中的6个。不幸的是，他没有在书的结尾留下任何笔记，所以尽管很多人都尝试完成这部侦探小说，但是没有人知道狄更斯本来想写的是什么结局。

伊丽莎白·加斯克尔《妻子与女儿》

加斯克尔当时正在《康希尔》杂志上连载这部小说，但还没写完就于1865年去世了。幸运的是，记者弗雷德里克·格林伍德接手此书，并写出了合乎逻辑的结局。

马克·吐温《神秘的陌生人》

吐温生前为这部小说写过3个不同的草稿，所有的版本都以一个叫撒旦的人物为中心。1916年，也就是吐温去世6年之后，这3个版本被交织在一起出版，但未获好评。

简·奥斯汀《桑迪顿》

奥斯汀的最后一部小说《桑迪顿》在她1817年去世时只写了11章。故事以新海滨胜地桑迪顿为背景，开篇似乎为这个故事提供了无数的机会，许多奥斯汀迷在后来都试图完成这部小说，并获得了不同程度的成功。

弗拉基米尔·纳博科夫《劳拉的原型》

当纳博科夫在1977年去世时，他留下了明确的指示：销毁所有他尚未完成的作品。但纳博科夫的儿子并没有完全遵从他父亲的遗愿，而是将一份残缺的书稿保存在银行保险库多年，直到2009年最终得以出版。

斯科特·菲茨杰拉德《最后的大亨》

这本书是受好莱坞大亨欧文·塔尔贝格的启发创作的。在1940年去世时，菲茨杰拉德的这部遗作已经完成了原计划31个章节中的17个。菲茨杰拉德的朋友埃德蒙·威尔逊于1941年编辑并出版了这部作品。

阿尔贝·加缪《第一个人》

加缪在1960年的一场车祸中丧生，当时他正在创作这部自传体小说。这份被弄脏的书稿在汽车残骸中被发现，后被修复，得以重见天日。加缪的女儿誊写了这部未完成的小说，并于1994年出版。

弗朗茨·卡夫卡《审判》

卡夫卡在患病多年后于1924年去世，他留下了大部分未完成的作品，并下令销毁它们。但他的愿望未被理会，他有许多不完整的小说后来都被出版。《审判》是卡夫卡最受欢迎的小说之一。尽管它未经润色，也不完整，但至少他已经写完了最后一章，所以结局出自他自己之手。

杜鲁门·卡波特《应许的祈祷》

1966年，卡波特为《应许的祈祷》签订了一份利润丰厚的合同，但随着《冷血》的成功，他的事业开始腾飞，他开始沉迷于物质和酒精，所以这份合同一直没能兑现。在评论家开始怀疑他是否打算出版这部小说之后，他于1975年在《名利场》上发表了4个章节。不幸的是，因为在书中对他的许多朋友进行了露骨、耿直的描写，卡波特遭到了排斥，这部小说也至今仍未完成。最终，它在1984年以片段形式出版。

在英属北美地区印刷的第一本书

《海湾诗篇》

1640年的被忠实翻译成英语韵律的《诗篇全集》，即《海湾诗篇》，是在北美新殖民地印刷的首部书籍。为了印刷这本书，印刷者特地从英国进口了纸张、铅字和印刷机。不幸的是，负责印刷这本书的牧师乔斯·格洛弗在航行途中去世，于是他的妻子伊丽莎白在马萨诸塞州的剑桥创办了一家出版社。格洛弗的徒弟斯蒂芬·达耶（1594？—1668年）被委托印刷这本书，他的职业实际上是一名锁匠；虽然他的拼写和排字能力发挥不太稳定，但他还是将这部宗教作品印刷出了大约1700本，每本售价20便士。如今，该书已知仅存11本，其中一本在2013年纽约苏富比拍卖会上拍出了破纪录的1400万美元，成为有史以来拍卖价格最高的书。在北美地区以外留存下来的唯一一本《海湾诗篇》被存放在牛津大学的博德利图书馆。（编号：Arch. G e.40）

出道最早的作家

一些早熟的天才作家在很小的时候就开始写作和出版书籍，这证明了成功的写作并不总是来自经验。下面是一些著名作家出版第一本书时的年龄：

作者	书名	年龄
S. E. 欣顿	《局外人》（1967年）[1]	18岁
弗朗索瓦兹·萨冈	《你好，忧愁》（1954年）	18岁
珀西·比希·雪莱	《扎斯特罗奇》（1810年）	18岁
苏珊·希尔	《围场》（1961年）[2]	18岁
马修·刘易斯	《修道士》（1796年）	19岁
玛丽·雪莱	《弗兰肯斯坦》（1818年）[3]	21岁
布雷特·伊斯顿·埃利斯	《零下的激情》（1985年）	21岁
黛西·阿什福德	《年轻的访客》（1919年）[4]	37岁

注 释

1 欣顿15岁就开始写《局外人》。当这部小说出版时，她被誉为同代人的标杆，这本书后来被改编成了电影。

2 苏珊·希尔开始写《围场》时只有15岁。因为书中描写的是一对已婚夫妇，所以被认为是不适合女学生写作的题材，并且在出版时引发了一些流言蜚语。

3 玛丽·雪莱开始写《弗兰肯斯坦》时只有18岁，但这本书直到她21岁时才出版。

4 黛西·阿什福德在她9岁时就写完了《年轻的访客》，但这本书直到黛西37岁时才出版，并且重现了她当时写下的手稿。这本书特意附上了阿什福德的最初的拼写和蹩脚的标点用法，以保留孩子气的语调。这是一本非常受欢迎的书，第一年就重印了8次。

书籍字体简史

最早的字体诞生于约翰尼斯·谷登堡在15世纪发明的第一台活字印刷机。基于当时抄写员使用的手写书法，最早的字体被称为黑字母或哥特字体，并使用斜线和细长型的字母。这些字体对于现代读者来说很难解读。[1]当今一些报纸的报头仍然使用黑字母，比如《纽约时报》。一种现代哥特风格的字体是：

𝔉raktur（德文尖角体）

在15世纪六七十年代，基于意大利人文主义者的写作风格，出现了更易读的字体；这些字体被称为人文主义字体或威尼斯字体。在此期间，尼古拉·让森开发了第一种罗马字体。人文主义字体的特点是字母较低，字体风格相对深黑。一种经典的人文主义字体是：

Jenson（让森字体）

在15世纪90年代的旧风格字体中，出现了一种基于罗马铭文的衬线字体。旧风格字体要精致得多，可能部分是由于凿字工（负责凿出铸字所用模具的人）的技术提升，使得粗细笔画之间的对比更明显。在1501年，出现了第一种从旧风格字体发展而来的斜体字体，并被用在空间有限的地方。一种经典的旧风格字体是：

Garamond（加拉蒙字体）

多年来，旧风格字体一直很受欢迎。其中有一些字体现在依然十分常用，尤其是在图书出版中。

在17世纪末，过渡（又称新古典主义）字体被开发出来。与人文主义字体及旧风格字体相比，这种字体类型的第一代字体和手写字体之间的区别要大得多，它的笔画更窄、衬线更细，可以让页面上有更多的空白。一种经典的过渡字体是：

Baskerville（巴斯克维尔体）

巴斯克维尔体是由英国印刷工和铸字工人约翰·巴斯克维尔在1757年开发的。它并没有立刻在英国流行起来，但是在1758年，巴斯克维尔遇到了本杰明·富兰克林。富兰克林非常欣赏这个字体的设计，并把巴斯克维尔体的样字带回了美国，用于联邦政府出版使用。

18世纪晚期，现代字体（又称"迪多内字体"）发展起来。这种风格将粗细笔画之间的强烈对比发挥到了极致，甚至衬线更细。经典的现代字体是由詹巴蒂斯塔·博多尼在18世纪晚期开发的：

Bodoni（博多尼字体）

19世纪，粗衬线字体出现了。这是一种更强烈的字体风格，用于广告、广告牌和海报。因为它只用于短句中的大号字，所以通常用作展示文本。

随着印刷技术的进步，字体样式也随之多样化，出现了无衬线字体（见第190页）。手工排版日渐式微，工业化也意味着新字体更容易开发和推广。一些值得注意的当代字体有诞生于20世纪20年代的Futura（未来体），还有当下无处不在的无衬线字体Helvetica（赫维提卡体，设计于1957年）。

注 释

1 黑字母在除德国之外的地方已经不再流行，最终在20世纪20年代被无衬线字体（见第190页）字体所取代。然而，在20世纪30年代纳粹党掌权期间，希特勒开始转向旧字体风格，并鼓励使用黑字母。他将德文尖角体称为"人民"（*Volk*），这基本上意味着它在当时被视作"人民的字体"。

最高产的作家

斯蒂芬·金琢磨着那些在写作生涯中只写过几本书的作家，并打趣道："他们在剩下的时间里都做了些什么？"到目前为止，金已经写了大约60部长篇小说和200多部短篇小说，但与以下这些令人难以置信的高产作家相比，他的产量也有些黯然失色了：

科林·特利亚多（1927—2009 年）

在63年的写作生涯中，西班牙作家科林·特利亚多写了4000多部言情小说，在西班牙和拉丁美洲的销量超过4亿本。

凯瑟琳·林赛（1903—1973 年）

林赛一生中用了11个不同的笔名写了904部言情小说。

伊妮德·布莱顿（1897—1968 年）

著名儿童文学作家伊妮德·布莱顿在她的职业生涯中写了800多本书，作品被翻译成90种语言，销量超过6亿册。

芭芭拉·卡特兰（1901—2000 年）

芭芭拉·卡特兰夫人以她的言情小说出名，但她也写剧本、烹饪书和诗歌。卡特兰在她的职业生涯中共创作了723部小说。

约翰·克里西（1908—1973 年）

据报道，英国犯罪和科幻小说作家约翰·克里西在自己的作品得以出版之前收到了超过750封退稿信。作品出版之后，他就再没停过笔，最终共写了600多本书，用过28个笔名。

乔治·西姆农（1903—1989 年）

这位比利时作家最著名的作品是《朱尔·迈格雷探案集》。西姆农一生写了近500本书。

艾萨克·阿西莫夫（1920—1972 年）

生物化学教授艾萨克·阿西莫夫写了许多具有影响力的科幻经典作品，一生总共出版了近500本书。

羽毛笔

羽毛笔作为书写工具在公元6世纪左右发展起来，很快取代了芦苇笔和金属笔，成为书写工具的首选。

最好的羽毛取自活鸟的飞羽，在春天从鸟的左翼拔下（因为左翼的羽毛向外弯曲，让惯用右手的抄写员更易使用）。其中，鹅毛是最常用的，但天鹅的羽毛被认为是最好的，部分原因是它们的稀有性；乌鸦的羽毛则被用于更精细的书写。

制作羽毛笔时，需将羽毛先浸入热沙中，以使笔尖坚硬；然后修剪羽毛，将笔尖削尖，并在笔尖中间刻一道细缝，这一点很像现代的钢笔。

羽毛笔需要定期用刀打磨（这就是削笔刀一词的由来），如果使用频繁，笔尖只能维持大约一周就得被丢弃。蒂尔伯里的约翰（他是12世纪托马斯·贝克特家族的一位学者）讲述了一个抄写员进行一整天的听写工作并需要磨尖和准备60—100根羽毛笔的故事。

在中世纪如何制作一本《圣经》

在中世纪，制作一本书是一项漫长的劳动密集型工作，要用上许多熟练的手工艺人。为了制作一本写在犊皮纸上的《圣经》，大约需要170头牛犊的皮。这些牛皮需要在石灰和水中浸泡3—10天，定期搅拌，以溶解毛发和脂肪。当大部分毛发被去除，清洗后的牛皮会被撑在一个架子上晾干，再进一步刮去毛发和脂肪的剩余残留物，以确保牛皮的厚度一致。犊皮纸被钉在架子上撑开晾干后，还需要定期收紧钉子以保证犊皮纸的紧实。干燥后，就可以将犊皮纸修剪成合适的尺寸。通常它会被切成长宽为所需书籍尺寸的两倍大小，这样它就可以被折成4张8面的一帖，然后再把其他帖进一步地装订成书。接着，用浮石打磨表面；最后涂上一层白垩，这是为了让犊皮纸更好地吸收墨水，不致肆意流动。

在开始书写之前，抄写员（或者抄写员们）必须先费力地在每一页纸上画线，即用锋利的工具在犊皮纸上画线或者用铅标线。芦苇笔、金属笔或羽毛笔会被用于书写（见第66页）；墨水（见第119页）则由矿物质、植物和浆果等天然材料制成。抄写员会坐在一张带坡度的书桌前，这样更便于书写；他们还会将原始文本和复制本并排摆放，并用重物压住犊皮纸，防止它卷起来。在中世纪，写作是需要双手操作的事情：一只手拿着羽毛笔或金属笔；另一只手拿着刀——用来磨尖羽毛笔、刮除错字和确定文本位置。一旦抄写员抄完一本《圣经》，它就会被送去给书籍彩饰匠人进行装饰，用精心制作的彩色颜料和金银书叶来装点和图解文本。最后，整本书将被缝在一起，用木制封面装订起来，或是用雕花皮革封装。

书之最

世界上最小的书

世界上最小的书——《萝卜城的小特德》，于2007年由马尔科姆·道格拉斯·卓别林所著，并由他的哥哥罗伯特在加拿大不列颠哥伦比亚省的西门菲莎大学用镓离子束在纯晶体硅上印刷制成。这本30页的书非常小，只有人类头发丝的宽度，宽70微米，长100微米，只能通过电子显微镜阅读。

世界上最大的书

据《吉尼斯世界纪录》记载，世界上最大的书是2012年诞生于迪拜的《穆罕默德》。它的尺寸达到了惊人的5×8.06米，重达1500千克。共有超过50人参与制作了这本429页的巨书。

世界上最长的书

《阿塔玛尼或居鲁士大帝》是一部17世纪的浪漫

主义小说，作者是马德莱娜·德斯屈代里。它是世界上最长的小说之一，10卷书加起来有210万字，共13 095页。

世界上最昂贵的书

1994年，比尔·盖茨以惊人的3080万美元高价买下了莱奥纳多·达·芬奇的《莱斯特手稿》，这是世界上最昂贵的书。这份手绘书稿是由文艺复兴时期的博学家和艺术家莱奥纳多·达·芬奇在1506—1510年期间编纂的，是他仅存的30本笔记中的一本。《莱斯特手稿》中包含了不同主题的草图、笔记和想法，让学者们得以窥见这位天才的奇思妙想。

世界上最具价值的书

《谷登堡圣经》可能是世界上最具价值的印刷书籍。从某种意义上说，它是有市无价，因为现存的副本都被博物馆收藏，大概永远不可能被售卖。《谷登堡圣经》是1455年第一本使用现代活字印刷技术制成的书，这项工艺彻底改变了图书贸易。最初，这部作品只印刷了180本，只有49本保存至今，在这其中也只有21本是完整的。几乎所有留存下来的《谷登堡圣经》都被博物馆、大学和图书馆收藏。

世界上最稀有的书

1593年初版的《维纳斯与阿多尼斯》是威廉·莎士比亚的第一部出版作品，保存在牛津大学的博德利图书馆，也是现存世的唯一一本，这使它成为世界上最稀有的印刷书籍之一。〔编号：Arch. G e.31 (2)〕

史上最畅销的小说

史上最畅销的小说是查尔斯·狄更斯的《双城记》。这本经典著作出版于1859年，在全球范围内已经卖出了2亿本，令人难以置信。

史上最畅销的非虚构类书籍

《圣经》是史上最畅销的图书，全球销量预估为50亿册。《圣经》是在1455年由印刷机印出的第一本书（见上文的《谷登堡圣经》），至今已被翻译成394种语言。

规模最大的出版社

企鹅兰登书屋是世界上最大的贸易出版商，而教育出版商培生教育集团则是整体而言最大的出版商。

最古老的出版社

创立于1534年的剑桥大学出版社（见第93页）是世界上最古老的出版社。截止到2017年，全世界最古老的独立出版社是约翰·默里公司，成立于1768年；它在2002年被霍德·海兰德出版集团收购。

著名的开场白

一本书的开头几行要能吸引读者，并激起他们的兴趣。很多作家都想出了令人过目难忘的开场白（尽管并不是所有开场白被人记住的原因都是合理的），举例如下：

"四月里，天气晴朗寒冷，钟敲了十三下。"

　　　　——乔治·奥威尔《1984》（1949年）

"昨天夜里，我梦见又回到了曼德利。"

　　　　——达夫妮·杜莫里埃《蝴蝶梦》（1938年）

"凡是有钱的单身汉，总想娶位太太，这是一条举世公认的真理。"

　　　　——简·奥斯汀《傲慢与偏见》（1813年）

"这是最好的时代，也是最坏的时代。"

　　　　——查尔斯·狄更斯《双城记》（1859年）

"我从不同的人那里一点一点听说了这个故事，在这样的情况下，每次听到的都是不同的故事。"

　　——伊迪丝·华顿《伊桑·弗罗姆》（1911年）

"叫我以实玛利。"

　　——赫尔曼·梅尔维尔《白鲸记》（1851年）

"幸福的家庭都是相似的，不幸的家庭各有各的不幸。"

　　——列夫·托尔斯泰《安娜·卡列尼娜》（1878年）

"往昔犹若一个陌生的国度，那里的人行事与吾辈不同。"

　　——L. P. 哈特利《送信人》（1953年）

"布鲁克小姐的姿色，在素淡的衣衫衬托下，反而显得格外动人。"

　　——乔治·艾略特《米德尔马契》（1871年）

"人生鲜有比全心全意享受下午茶这一仪式更令人惬意的时刻。"

——亨利·詹姆斯《贵妇画像》（1880年）

"这是一个幽暗的暴风雨之夜；大雨倾盆而下——偶尔，雨水被席卷过街道的大风打断。"

——爱德华·乔治·布尔沃-利顿

《保尔·克利福德》（1830年）

"你最好只告诉上帝。"

——艾丽斯·沃克《紫色》（1982年）

"他是个独自在湾流中一条小船上钓鱼的老人，至今已去了八十四天，一条鱼也没逮住。"

——欧内斯特·海明威《老人与海》（1952年）

被改名的书

当图书在不同地区出版时，有时需要更改书名以更好地适应当地的市场。以下是一些改过名字的著名作品：

原名	异名
J. K. 罗琳《哈利·波特与贤者之石》	《哈利·波特与魔法石》（美国版）
菲利普·普尔曼《北极光》	《黄金罗盘》（美国版）
维克多·雨果《巴黎圣母院》	《钟楼怪人》（英国版）
洛里·李《罗西与苹果酒》	《一天的边缘》（美国版）
P. G. 沃德豪斯《阿姨非绅士》	《打盹的人》（美国版）
阿加莎·克里斯蒂[1]《五只小猪》	《啤酒谋杀案》（美国版）
特德·休斯《钢铁人》	《铁巨人》（美国版）
迪克·金－史密斯《牧羊猪》	《小猪宝贝》（美国版）
伊恩·弗莱明《皇家赌场》[2]	《自讨苦吃》（美国版）

注 释

1　P. G. 沃德豪斯和阿加莎·克里斯蒂都因为美国市场的需求而改变了许多书名。

2　《皇家赌场》美国版最早出版于1954年，但销量不佳；后来，美国大众图书馆以平装本出版此书时，将书名改为《自讨苦吃》。奇怪的是，他们还把那位大名鼎鼎的主角詹姆斯·邦德改名成了吉米·邦德。

签名本

一本由作者签名的书总能价值倍增，但是作者签名的类型也是多种多样，有些比其他的更受欢迎：

签名本

一本由作者签名的书通常是件好事，并且提高了这本书的价值。带有日期的签名（特别是接近出版日期的）则更受欢迎。

题词本

有时也被称为赠送本，这种书是送给特定的某个人的。对有些人来说，书上的题词能为这本书增添魅力；但若你拥有的书原是献给其他人的，那么这本书便失去了这种魅力。

留念本

这是最有价值的签名书之一。留念书是作者以个人名义送给另一位与该书或者作者有关的名人的书籍。例如，哈罗德·品特曾将自己的一本《归乡》签名送给剧中的女主角，同时也是他妻子的维维恩·麦钱特作为留念。

题献本

这是签名本中的圣杯，因为它们十分稀有，这类书由作者签名，并亲笔题献给书前所印的致辞对象。

侦探作家俱乐部

1930年，侦探小说家安东尼·伯克利成立了侦探作家俱乐部。该俱乐部是供推理作家聚会讨论写作的场所，还会为此定期在伦敦举办晚宴。俱乐部的第一任主席是 G. K. 切斯特顿，创始成员包括：多萝西·L. 塞耶斯、阿加莎·克里斯蒂、弗雷曼·威尔斯·克罗夫茨、奥斯汀·弗雷曼、杰西·里卡德。

这个俱乐部还规定了一套写作准则，以确保他们笔下的谜题得以解开，并且对广大读者来说是公平的。他们还编写了一段誓言以展现俱乐部的准则：

你是否承诺你笔下的侦探们是依照你所赋予的智慧去诚实地侦破案件，而不是依靠或利用神的启示、女性直觉、怪力乱神、坑蒙拐骗、纯粹巧合或者不可抗力去破案？

在侦探小说创作的黄金时代，俱乐部的成员们合著了一系列侦探小说，每个人负责写一两章。其中，最著名的是1931年出版的《漂浮的海军上将》，这本书的每一位作者都写下了不同的解谜结果。这个俱乐部至今还在运转，现任主席①是马丁·爱德华兹。

---

① 编者注：指本书原版出版时，即2017年。

国际标准书号

国际标准书号（ISBN）是用来识别一本书每个版本的代码，每本精装书、平装书、有声书和电子书都有不同的国际标准书号。该编号系统国际通用，可确保作者、书商、图书馆和出版商能够识别一部作品的不同版本，并据此进行销售。标准书号（SBN）的概念是由都柏林圣三一大学统计学教授戈登·福斯特在1965年提出的，最初是一串9位数的代码。1967年，戴维·惠特克和埃默里·科尔塔伊将该代码改编成了国际标准书号，并在1970年由国际标准化组织（ISO）制定为 ISO 2018国际标准书号，成为一个10位数的代码。随着该系统的发展和在全球范围内的采用，国际标准书号再次被扩展，自2007年以来，它已经有了13位数字。国际标准书号由以下几部分组成：

前3位数字是标准前缀，目前是978或979。

接下来的一组号码段与出版机构所处的地区有

关，最短为1位数字，最长可达5位数字。

再接下来的一组号码段是出版社代码。

后面的一组号码段表示书籍版本。

最后一个数字是使国际标准书号生效的校验码。

全世界有超过160个国际标准书号机构，每个机构都能提供特定地区的国际标准书号。在英国，私营公司尼尔森公司为所有在英国的出版社提供国际标准书号；另一家私营公司R. R. 鲍克公司则负责为美国出版社提供国际标准书号。

英国出版同业公会

15世纪，印刷书籍的生产还处于起步阶段，手抄本作者、印刷工和书籍彩饰匠人开始在伦敦圣保罗大教堂周围聚集，在那里设立摊位或者"小站"（stations）来做生意。在这个时候，大多数商人都是流动的，但是因为做生意要占据固定的（stationary）摊位，所以他们被称为"stationers"（出版商）。因此，在1403年，当他们决定要成立公会时，就选择了"出版同业公会"这个名字。

15世纪中叶印刷机问世后，出版商们立刻接受了这项新技术，并成为英国这一新兴行业中的先驱。1557年，出版同业公会被授予皇家特许状，这使它几乎垄断了英国的图书印刷业，因为只有公会成员和被授予皇家特权的人，才能在英国印刷可用于出售的物品。出版商们进一步发展出早期的版权模式（见第44页），即出版商或个人可缴纳少量费用在出版同业公会注册一本书，便有权在规定年限内出版该书。

1610年，该公会与托马斯·博德利爵士签署了一项协议：每在英国出版一本书就供应一个副本给博德利图书馆，这便是呈缴本制度的开始（见第153页）。如今，出版同业公会的成员来自出版传媒行业的各个领域，包括出版商、纸商、报业、广播和网络媒体，公会会为这900名成员举办各类活动、讲座和研讨会。

退　稿

对于一个作家来说，在作品最终付印之前遭遇多次退稿已经是家常便饭了，仿佛正是这一痛苦的过程让他们最后的成功更加甜蜜。以下列出的作家在成名前都被退稿过无数次，可以证明坚持就是胜利：

比阿特丽克斯·波特

因为《彼得兔的故事》惨遭退稿太多次，波特决定自费出版250本，这一举动最终引起了出版商的注意。此后，她的书被卖出超过4500万册。

露西·莫德·蒙哥马利

她的处女作《绿山墙的安妮》被5家不同的出版社退稿，后来由佩奇出版公司出版，销量超过5000万册。

玛格丽特·米切尔

在最终达成出版协议并销售了3000万册之前，

《飘》曾被38家出版社拒之门外。

扬·马特尔

荣获布克奖的《少年派的奇幻漂流》曾被伦敦的5家出版社退稿。

詹姆斯·乔伊斯

《都柏林人》总共被退稿过22次，最终印量很少（第一年仅卖出379册，乔伊斯自己买了120册）。

詹姆斯·帕特森

《托马斯·贝里曼号码》被31家出版社退稿后才得以问世。迄今为止，帕特森的作品已经卖出了超过2.2亿册。

J. K. 罗琳

在《哈利·波特与魔法石》最终出版之前，罗琳的经纪人收到过12家出版社的退稿信。最后，因为布卢姆斯伯里一位编辑的8岁女儿喜欢这本书，这部小说才终于得以出版。

威廉·戈尔丁

在出版之前，《蝇王》被退稿了20次。

英国最古老的书店

　　英国最古老且至今仍在营业的书店位于剑桥的三一街1号，于1581年开门营业。从1537年到开业之前，这个地方为书籍装订工施皮林克所有。从那时起，这家店铺几经易名。从1907年到1953年，这家店铺被W. H. 史密斯买下，改名叫鲍斯和鲍斯书店。自1992年至今，这家书店一直是剑桥大学出版社的主营书店。

企鹅平装书

1934年，艾伦·莱恩和他的朋友阿加莎·克里斯蒂到德文郡度过周末假期。在返程时，他沮丧地发现车站的书店里没有什么值得一读的书，这引发了莱恩的思考。他很快就想到了一个出版廉价平装版图书的主意。图书的内容可以是经典小说和非虚构类作品，不加插图，每本只要6便士（相当于当时一包香烟的价格）。

莱恩把他的想法告诉了博德利黑德出版社的雇主，但他们并没有动心，因为在当时平装书通常只用在廉价小说和低俗小说上。不过，他们还是勉强允许莱恩在空暇时间进一步研究他的想法。

莱恩叫上了他的兄弟迪克和约翰，他们给自己的出版社起了个名字：企鹅出版社。他们聘请了一位名叫爱德华·杨的年轻设计师，让他去伦敦动物园给企鹅画素描，很快就设计出了企鹅标志。封面保持简洁，以降低成本，字体设为吉尔无衬线字体。

书的封面颜色区分如下：

封面颜色	图书题材
橙色	小说
绿色	犯罪小说
蓝色	非虚构类作品
樱桃红色	旅行和冒险
深蓝色	传记
红色	戏剧
紫色	随笔
黄色	其他

最早在企鹅出版社推出平装书的十位作者是：阿加莎·克里斯蒂 、苏珊·埃尔茨 、欧内斯特·海明威、埃里克·林克莱特、康普顿·麦肯齐、安德烈·莫鲁瓦、贝弗利·尼科尔斯、多萝西·赛耶斯、玛丽·韦布和E. H. 扬。

1935年，当些书准备发行时，伍尔沃斯零售公司订购了63 500本，这证明莱恩的想法是对的。只用了几周，所有的书就都需要加印了。经过短短一年的经营，企鹅出版社就卖出了超过300万本图书。

在第二次世界大战期间，企鹅出版社的平装书十分畅销。它们价格低廉，又足够轻便，方便士兵们随身携带，简单的设计也使得这些书可以很容易地适应定量配给制的限制。

1938年，美国也效仿平装书的模式推出了口袋书，第一本是赛珍珠的《大地》。可以毫不夸张地说，艾伦·莱恩的平装书彻底改变了出版业，使所有人都能买得起高品质的图书。

世界上最古老的出版社

剑桥大学出版社荣获"世界上最古老的印刷商和最古老的出版社"殊荣。它是由亨利八世于1534年颁布的皇家特许状准许创立的，但由于与位于伦敦的英国出版同业公会之间的矛盾（见第84页，出版同业公会认为他们应该垄断书籍的印刷），所以剑桥大学出版社直到1584年才印刷了第一本书（《论主的圣餐二篇》）。此后，该出版社便一直印刷书籍。

第一个在剑桥大学出版社工作的印刷工是托马斯·托马斯，他于1583年得到任命，但开始印刷《圣经》的是他的继任者约翰·莱盖特。第一本《剑桥圣经》是出版于1591年的《日内瓦圣经》的副本。自那时起，剑桥大学出版社出版了许多版本的《圣经》，包括1763年由约翰·巴斯克维尔设计字体的对开本《圣经》，被认为是有史以来最好的《圣经》印刷本之一。

如今，剑桥大学出版社不仅出版《圣经》，还出版教科书、参考书和240多种学术期刊。

识别初版书

一本书真正的初版是第一次印刷出的版本。只有在调整排版重印后才会成为第二版（或后续版），其中可能会有大量更正、添加了前言或者进行了其他类似改动。如果一本书的初版全部卖光，而出版社重印时没有做出重大改动，那么这些重印版仍然被认为是第一版，但会称作"初版第二次印刷"。

可惜的是，对于出版社来说，并没有关于如何表明一本书是初版的硬性规定，因此读者很难确切知晓版次。有一些方法[①]可以帮助我们识别一本书是否为初版：

1. 扉页上的日期与版权页上的日期相同。

2. 版权页上印有"第一版""第一次印刷"或"第一次出版"。

3. 自20世纪40年代以来，许多出版商都在书的

---

① 编者注：此内容适用于英国出版行业。我国图书大多在版权页上注明了版次，如"1版1次"。

版权页上打印了一行数字。这些编号没有固定样式，有时升序，有时降序，但如果是初版书，它的编号中会包含数字。下面是一些初版编号的示例：

1 2 3 4 5 6 7 8 9

9 8 7 6 5 4 3 2 1

1 3 5 7 9 2 4 6 8

在印刷第二版时，出版商会从编号中删去"1"，留下"2"为最小数字，表明这是第二版。以此类推，每次重印时会删除最小的数字。

最后还是要说，由于缺乏明确规则，想要识别初版书可能会非常麻烦，所以最好是去咨询相关专家。

一些著名的图书类奖项

布克奖

　　创立时间：1969年

　　授予对象：在英国出版的最佳英语小说

　　奖金：5万英镑

　　著名获奖作品：艾丽斯·默多克《大海，大海》（1978年）、萨勒曼·拉什迪《午夜之子》（1981年）、石黑一雄《长日留痕》（1989年）、A. S. 拜厄特《占有》（1990年）、希拉里·曼特尔《狼厅》（2009年）和《提堂》（2012年）。

普利策小说奖

　　创立时间：1917年

　　授予对象：由美国籍作家所写、最好是描述美国生活的小说

　　奖金：1万美元

　　著名获奖作品：伊迪丝·华顿《纯真年代》

（1921年）、赛珍珠《大地》（1932年）、玛格丽特·米切尔《飘》（1937年）、艾丽斯·沃克《紫色》（1983年）、唐娜·塔特《金翅雀》（2014年）

百利女性小说奖 [1]

创立时间：1996年

授予对象：女性作家用英语创作、在英国出版的长篇小说

奖金：3万英镑、雕像奖杯一座

著名获奖作品：安德烈娅·莱维《小岛》（2004年）、莱昂内尔·施赖弗《凯文怎么了》（2005年）、奇玛曼达·恩戈兹·阿迪契《半轮黄日》（2007年）、阿里·史密斯《如何成为两者》（2015年）

科斯塔年度图书奖 [2]

创立时间：1971年

授予对象：由英国和爱尔兰作家所写的英语书籍

奖金：3万英镑（其中单项奖奖金为5000英镑，"年度图书"奖金再加2.5万英镑）

著名获奖作品：菲利普·普尔曼《琥珀望远镜》

（2001年）、马克·哈登《深夜小狗神秘事件》（2003年）、希拉里·曼特尔《提堂》（2012年）

塞缪尔·约翰逊奖

创立时间： 1999年

授予对象： 最佳非虚构类英语书籍

奖金： 2.5万英镑

著名获奖作品： 安东尼·比弗《斯大林格勒》（1999年）、凯特·莎默斯凯尔《威彻尔先生的猜疑》（2008年）、海伦·麦克唐纳《H代表鹰》（2014年）。

注 释

1　前身为橘子奖，2007年更名为百利女性小说奖。
2　前身为惠特布雷德图书奖。

史上最具影响力的 20 部学术著作

为纪念2015年的"学术著作周",业内主要的学术出版社、书商和图书馆馆长受邀列出他们认为改变了世界的学术著作,并从超过200个提名作品中选出了20部最具影响力的学术著作:

斯蒂芬·霍金《时间简史》(1988年)

玛丽·沃斯通克拉夫特《女权辩护》(1792年)

伊曼纽尔·康德《纯粹理性批判》(1781年)

乔治·奥威尔《1984》(1949年)

查尔斯·达尔文《物种起源》(1895年)

爱德华·萨义德《东方学》(1978年)

蕾切尔·卡森《寂静的春天》(1962年)

卡尔·马克思和弗里德里希·恩格斯《共产党宣言》(1848年)

威廉·莎士比亚《莎士比亚全集》(约1590—约1613年)

杰曼·格里尔《女太监》(1970年)

E. P. 汤普森《英国工人阶级的形成》（1963年）

阿尔伯特·爱因斯坦《相对论的意义》（1922年）

德斯蒙德·莫里斯《裸猿》（1967年）

尼科洛·马基雅维利《君主论》（1532年）

柏拉图《理想国》（公元前380年）

托马斯·潘恩《人的权利》（1791年）

西蒙娜·德·波伏娃《第二性》（1949年）

理查德·霍加特《识字的用途》（1957年）

亚当·斯密《国富论》（1776年）

约翰·伯格《视觉艺术鉴赏》（1972年）

值得注意的是，在这20部作品中，超过一半（11部）是在20世纪出版的，21世纪没有任何作品入选。在提名汇总整理完成后，又由公众投票选出其中的总冠军。最终，于1859年出版的查尔斯·达尔文的《物种起源》拔得头筹。

图书纸张

传统上，用于印刷图书的纸都是米白色的，以便于阅读书上的字；同时，纸张必须是不透明的，以防止文字透过书页被看到。图书纸张的重量通常为60—90克/平方米，非常轻，以确保装订出来的图书不会太过笨重。

铜版纸一般用于图册、童书和绘本小说，而胶版纸则用于传统书籍。质量最好的图书纸张之一是圣经纸，之所以叫圣经纸，是因为它曾被用来印刷高品质的《圣经》。圣经纸是由木浆和约25%的亚麻或棉布制成的，这使得纸张非常坚固、薄且轻，非常适合大而厚的书籍，例如百科全书和字典。

书籍用纸在全球木材使用量中所占比例不到1%（40%的木材却被用于生产包括卫生纸、报纸和办公用纸在内的各种纸张）。越来越多的英国出版社开始使用来自可持续发展林场和可回收材料占比较高的纸张。现代纸张是由来自软性木材和硬性木材的化学木浆制成的，没有哪种树是专门被用来造纸的。森林管理委员会协会（FSC）确保纸用木材来自可持续发展的资源；书上若印有该协会标志，就表明该书所用纸张并非来自非法砍伐的木材。

布卢姆斯伯里团体

布卢姆斯伯里团体是一个由作家、艺术家和知识分子组成的非正式团体，他们中的许多人是通过剑桥大学的使徒社（见第139页）结下的友谊，当时（20世纪初期）他们定期会面，进行讨论和分享想法。因为一开始在伦敦的布卢姆斯伯里地区聚集和居住，由此得名布卢姆斯伯里团体。这群人最经常见面的地方是克莱夫和瓦妮莎·贝尔位于布卢姆斯伯里的家，还有他们在东萨塞克斯郡查尔斯顿的乡间别墅。

在后维多利亚时代，这个团体被视为是非常自由甚至激进的，他们对性及女权主义的左翼观点和反战立场挑战了当时人们所能接受的社会规范。

该团体的一些主要成员有：

克莱夫·贝尔（艺术评论家）、瓦妮莎·贝尔（艺术家）、弗吉尼亚·伍尔夫（作家）、邓肯·格兰特（艺术家）、伦纳德·伍尔夫（作家）、罗杰·弗赖（艺术家和评论家）、利顿·斯特雷奇（散文作家）、约翰·梅纳德·凯恩斯（经济学家）、E. M. 福斯特（作家）、德斯蒙德·麦卡锡（文学评论家）。

小　书

　　小书是17世纪到19世纪期间，由街头小贩售卖的廉价小册书籍。小书为儿童和工人阶级提供了方便获取的阅读材料，涵盖了各种各样的主题，如耸人听闻的犯罪故事、诗歌、歌曲、传记、年鉴、手册、童谣和鬼故事。

　　小书是用廉价粗糙的纸张折叠多次制成的，通常有8—24页（但有些可以长达40页），并印有粗略绘制的木版画作为插图。有些小书里配有手工上色的图画，其价格也可能会翻番。街头商贩（又叫"小贩"）可能会把他们精选的小书和其他小件必需品一起出售，比如大头针、种子、手套和香料。

　　小书材质脆弱，使用寿命相当短暂，还可能被传阅。不过，因为只有少数小书留存至今，它们如今的价值非常高；同时，它们还为现代人提供了一窥当时流行文化的可能。

　　到了19世纪中叶，随着印刷工艺的发展，图书的印刷和发行成本更低，小书便不再流行。它们作为廉价一次性儿童读物的角色，被低俗恐怖小说（penny dreadful）和后来的漫画所取代（见第184页）。如今，小书这一图书形式被用于一种薄薄的诗歌小册子，可以作为该诗人作品的样章，以便分发。

米尔斯与布恩出版公司

1908年，杰拉尔德·米尔斯和查尔斯·布恩创办了米尔斯与布恩出版公司。起初，它只是一家普通出版社。这家公司在1909年出版的第一本书是索菲·科尔的言情小说《黑暗之箭》，这本书的大获成功为它的未来发展铺平了道路。

在战争年代，言情小说因为可以让人逃避现实而尤其受到欢迎。于是，越来越多针对女性读者的这类小说被出版。米尔斯与布恩公司开始使用吸引眼球的醒目图书封面，并在女性杂志中投放大幅广告，该品牌也很快开始走红。言情小说在图书馆中最为流行。这家公司出版新书的速度很快，四处招募有才华的新作家以确保后续新作的出版，并且不断刺激着读者保持对言情小说的兴趣。

20世纪60年代，米尔斯与布恩公司开始出版平装书，并将书的厚度标准化为188—192页。1971年，它与加拿大的禾林出版公司合并，将品牌业务扩展到海外。到了20世纪80年代中期，它已在全球范围内销售了2.5亿本图书。[1]

现如今，米尔斯与布恩公司每个月出版120种新书，并且开发了一系列言情题材图书，内容从古代艳情小说到超自然爱情故事，包罗万象，确保覆盖每个读者的浪漫口味。

注 释

1 2003年，建造M6收费公路的建筑公司从米尔斯与布恩出版公司收购了250多万本受损或停产的书。这些书被打成纸浆铺在路面上作为加固和隔音层，然后再在其上铺设沥青层。大多数行驶在M6收费公路上的通勤者不知道的是，他们每英里要驾车轧过大约4.5万本米尔斯与布恩公司出版的旧书。

诺贝尔文学奖

诺贝尔文学奖是1895年发明家阿尔弗雷德·诺贝尔在遗嘱中设立的五个奖项之一。[1] 自1901—2017年，诺贝尔文学奖共向112个人颁发了108次（其中4次由2个人共享，7次由于战争而未能授奖）。

该奖项旨在表彰一位作家的全部作品，而不是颁给某部特定的作品，并且可以颁发给来自世界任何地方的作家。诺贝尔奖获得者会领取一枚奖章、一张获奖证书和一笔价值不菲的奖金（数额各不相同，但诺贝尔文学奖是世界上奖金最高的文学类奖项）。

一些著名的诺贝尔文学奖得主如下：

1907年　吉卜林（英国）

1923年　W. B. 叶芝（爱尔兰）

1925年　萧伯纳（爱尔兰）

1932年　约翰·高尔斯华绥（英国）

1936年　尤金·奥尼尔（美国）

1938年　赛珍珠（美国）

1948年　T. S. 艾略特（英国）

1949年　威廉·福克纳（美国）

1953年　温斯顿·丘吉尔（英国）

1954年　欧内斯特·海明威（美国）

1957年　阿尔贝·加缪（法国）

1958年　鲍里斯·帕斯捷尔纳克（苏联）

1962年　约翰·斯坦贝克（美国）

1964年　让－保罗·萨特（法国）

1969年　塞缪尔·贝克特（爱尔兰）

1976年　索尔·贝洛（美国）

1982年　加布里埃尔·加西亚·马尔克斯（哥
伦比亚）

1983年　威廉·戈尔丁（英国）

1993年　托尼·莫里森（美国）

1995年　谢默斯·希尼（爱尔兰）

1999年　君特·格拉斯（德国）

2003年　J. M. 库切（南非）

2005年　哈罗德·品特（英国）

2007年　多丽斯·莱辛（英国）

2016年　鲍勃·迪伦（美国）

法国共有15位诺贝尔文学奖得主，位居第一；其次是美国和英国，分别有11位和10位。直到2017年，在112位获奖者中，只有13位是女性。

注 释

1 阿尔弗雷德·诺贝尔是炸药的发明者。据说，他设立诺贝尔奖是因为一家法国报纸错误地刊登了他的讣告，题为《那个制造死亡商人的死了》。这份讣告集中报道了他所拥有的炸药和军工厂，人们认为诺贝尔因此对自己留下的遗产如此消极而感到震惊。所以，诺贝尔在遗嘱中留下指示，要求创立这个现如今举世闻名的奖项，以确保他的名字与伟大的文学家、科学创新和世界和平永远联系在一起。

年度最古怪书名奖

自1978年以来，英国每年都会评选年度最古怪的书名奖。[1]该奖项由英国迪亚格雷集团创立，颁给法兰克福国际书展上出现的最奇怪的书名。自1982年以来，该奖项一直由霍勒斯·本特负责审查，他是出版业贸易杂志《书商》的一位日记作者。从2000年开始，公众每年都可以投票选出一些有着奇怪名字的书籍，最后从中评选最出彩的赢家。[2]

以下是获得该奖项的一些古怪的书名：

《第二届国际裸鼠研讨会议程》（1978年）

《鸡的快乐》（1980年）

《口欲施虐与素食主义者的个性》（1986年）

《奶牛育种的发展：扩大稻草利用的新机遇》（1998年）

《同性恋母马故事大全》（2003年）

《管理牙科诊所：成吉思汗之道》（2010年）

《如何在约会时拉屎》（2013年）

《让纳粹受不了的赤裸》（2015年）

注 释

1 该奖项深受广大群众的欢迎，2008年有超过8500人参与了迪亚格雷奖的投票，而布克奖的投票人数为7800人。

2 在1987年和1991年，图书销售行业因为缺乏想象力而受到严厉的控诉，在那两年出版的图书的书名都不够有趣，因此导致该奖项空缺。

世界各地的版权期限

　　世界各国的著作权法所规定的著作权保护期限不尽相同，也会经历变更[1]，举例如下：

　　英国：作者终生及死后70年

　　澳大利亚：作者终生及死后70年

　　加拿大：作者终生及死后50年

　　中国：作者终生及死后50年

　　欧盟成员国：作者终生及死后70年[2]

　　印度：作者终生及死后60年

　　日本：作者终生及死后50年

　　墨西哥：作者终生及死后100年

　　美国：作者终生及死后70年[3]

　　也门：作者终生及死后30年

　　《伯尔尼公约》是一项保护文学和艺术作品的国际版权协议，制定于1886年，它为签署该公约国家的作者提供版权保护，规定保护期为作者终生及死后至少50年，《世界知识产权组织版权条约》和世界贸易组织的《TRIPS协定》都遵守《伯尔尼公约》所规定的最低期限。

注 释

1 关于一本书是否在版权保护期内，应该寻求专家意见。
2 法国、爱尔兰、西班牙和英国都不归于此列。
3 在某些情况下，该期限可被延长。

书 镇

　　"书镇"的概念创立于20世纪60年代，源于企业家理查德·布思在英格兰和威尔士边境的海伊小镇开的一家二手书店。这家书店非常受欢迎，不久就成为欧洲最大的二手书店之一。很快，更多的书店在这里开业，带动了当地的经济，人们随后纷纷涌入这个新创建的书镇。1987年，海伊小镇创办了著名的文学节，每年能够吸引25万名书迷慕名而来，这巩固了它作为世界上第一个也是最重要的书镇的地位。

　　自海伊小镇走红以来，许多其他地区的小城镇和村庄都试图仿制这种模式以振兴当地经济。其他一些有名的书镇包括：

雷杜镇（比利时）

　　雷杜镇是海伊小镇的姐妹城镇。1979年，当地居民诺埃尔·安瑟洛在拜访过海伊小镇后受到启发，在这里开了第一家书店。他写信给当地的图书经销商，邀请他们利用村里现成的建筑开设书店，比如谷仓、棚屋和住房。到了今天，这里共有17家二手书店和漫画店，还举办了许多文学活动。

威格敦（苏格兰）

在当地的主要产业——一家威士忌酿酒厂和奶油厂——倒闭后，威格敦面临着破产的危险。不过，1998年，威格敦在竞争中胜出，成为苏格兰唯一一座书镇，这座小镇的命运也被拯救。迄今为止，威格敦已有超过20家书店，还举办有一个热闹的文学节。

霍巴特（美国纽约）

自1999年以来，这个位于卡茨基尔的小书镇一直吸引着游客们前来参观这里的6家书店。每年，这里还会举办一次女性作家节。

布雷德沃特（荷兰）

布雷德沃特拥有超过20家二手书店和古籍店，在1993年被指定为书镇。每个月的第三个星期六，这座中世纪的小镇都会在村广场上办一个书市，吸引了来自欧洲各地的书商。

墨　水

最早的书写证据来自公元前3200年美索不达米亚的苏美尔（位于现在的伊拉克），但当时并不是用墨水书写，而是在泥版上形成字母。在中国和埃及，用墨水书写文字的发展时期大致相同，都是在公元前2500年左右，并且与纸莎草的发展密切相关（见第11页）。

最初的墨水是由一种叫作灯黑的含碳物质制成的，因为它是从油灯的内部收集而来的，所以被称为灯黑。灯黑是在燃烧的油脂和含树脂的东西（如松树），或者在灯芯燃烧的油中形成的。灯黑与胶水或树胶结合形成的墨水非常稳定，不会因光照而褪色，因此非常耐用。

在公元前4世纪的中国，出现了一种新的墨水。人们通过将灯黑、烧焦的动物骨头和动物胶混合制成墨块，就可以在需要时将其溶解在水中。17世纪，欧洲开始从印度进口墨水，这种墨在当时也就被称为印度墨水。印度墨水经久耐用，但它需要具有吸水性的纸来让墨水渗入并固定，因此在某些类型的书写表面，例如非吸收性的羊皮纸，会让墨水干燥和剥落。

公元8世纪，欧洲出现了一种新型墨水，名为铁胆墨水，源于蔬菜中提取的铁盐和单宁酸。它的发展令羽毛笔的使用更为完善（见第66页）。铁胆墨水既可以用在犊皮纸上，也可以用在羊皮纸上，因此在12—19世纪成为欧洲人首选的墨水。尽管广受欢迎，但它也有缺点：这种墨水会腐蚀并蚀穿某些类型的纸张。

公元2世纪，雕版印刷在中国出现，随后在公元12世纪被陶瓷和铜活字印刷所取代。后来，欧洲发展了活字印刷术。15世纪，约翰尼斯·谷登堡设计了一种新型墨水，该墨水对金属字模的附着力更好。这种新型墨水是油基的（而非水基），使用了碳、钛、锌和铅的混合物，其质地更像清漆而不是墨水，欧洲第一本印刷书籍就用的是这种墨水。

到了今天，随着平版彩色印刷和喷墨印刷的发展，现代油墨的种类繁多、成分复杂。自从手工混合制墨以来，墨水已经走过了很长的历史：现在书籍生产中使用的油墨是由化学家配制而成的，他们把颜料和各种化学品混在一起，以实现更高效的印刷和更强的耐久性。不过，大多数现代油墨的制备方法更像是一种注册商品，因此它们的精密配方仍然是秘密。

书籍和手抄本术语词汇表

K 定位套版色，K是印刷四色模式（CMYK）中的黑色（C是青色、M是洋红色、Y是黄色）。

八开本 现代精装书最常用的尺寸（约为13厘米宽、20厘米长）；制书时需要将纸张折成8张或者16页。

版权信息 用于表明该书出版方的标志、标识或注释（在古旧书图中为出版者名称、印刷日期和印刷地点），通常印在书的末尾。

包脊装订 书脊所用材质与书的其他部分不同。

藏书票 一张贴在书上的标签，表明该书的主人。

插图页 一整页插图，与文本分开印刷。

衬纸 一本书卷首和卷尾各有两页，其中一页粘在封皮内，另一页保持原样。

虫洞　书蛀虫在书里钻出的洞。

出版者名称　出版社和出版地信息。

初版　一本书印刷的第一版。（见第95页）

电子书　能够在电子阅读器上阅读的电子版书籍。

雕花　在皮质封面上用热烙铁印上的装饰图案。

订口白边　书籍内侧（装订侧）的白边。

堵头布　一种装饰，通常由彩色的布料制成，可见于书脊的顶部；在旧书中，它是封皮的一部分。

对折书页　由纸或羊皮纸对折成的两页（或四页）。

多材料装订　用两种不同的材料装订的书。例如书脊和书角用皮革，其他部分用纸或布料。

扉页　在现代书籍中，扉页包含所有图书信息：正书名、副书名、作者或编者、出版社等。

附录　与该书有关的附加材料，通常在书的末尾。

古籍　可供收藏的古书、绝版书和珍本。

后环衬页　书籍卷尾的空白页。

狐斑　书页上出现的红棕色（或狐狸色）斑点和褪色点，在19世纪的书中被发现，源于雕版所用的铁。

脊封　书脊上的封皮。

简略标题页　外版图书通常有简略标题页。在扉页前面的一页，上面只有书名。

胶装　一种装订书的方法，在装封面前用胶将书页粘在书脊上。

卷首插图　位于书籍卷首页的插画，一般面朝扉页。

绝版书　已经不再印刷的书，所以留存的数量有限。

勘误　在书中发现的错误。出版社通常会附上一张勘误小条以详细说明。

毛边书　书页还没有被切开的书。这一步骤通常由装订工完成。

摩洛哥皮　一种用来装订书籍的皮革，通常为山羊皮。

木版画　早期雕刻在木版上的印刷插图。

内封　覆盖在书壳上的封皮，材质为皮革、布料或纸。

泥金装饰　书中的手绘饰图，通常为金或银色。

前件　一本书正文前的部分，一般按以下顺序排列：简略标题页、卷首插图、扉页、版权页、题词页、序言、目录、插图列表、导言、致谢、篇章页。

切口　书本的侧边，正对书脊。

清样　对正文的校样。

散书　已经被印刷、折叠和缝制但尚未装订完成的书。

上切口　书籍的顶边。

上切口镏金边　书页最上面的边缘被刷上金箔或镀金。

少年时期作品 一位作家在孩童时代或少年时期所写的书或其他作品。（见第148页）

时祷书 中世纪流行的一种带有泥金装饰的书籍，用于私人奉献。书上有祈祷文和经文的清单，要在规定的祷告时间内阅读。

手抄本 将手稿装订成卷，是书籍的最初形式。

书脊 书的背脊。

书皮（外封） 用来保护书内封的装饰性包装纸。（见第141页）

书套 一种硬纸板包装套，会糊上纸、皮革或布料，以将多本书装在一起，放入其中，书脊朝外。

书芯 除封皮和装订之外书的主体。

书页 书中的一张纸，每张都是双面印刷。

水印　在制作中印在书页上的模糊图案；图案在灯光下可见，通常可用于辨认制作者。

帖　通过折叠一张纸所得到的一叠纸张，然后用线或者胶将它们订在一起形成一本书。

通气胶装　一种无线胶装的方法：在书页聚拢后，沿着书脊挖槽，再用热胶将书页固定在一起。

下切口　书籍的底边。

限量版　为了使一本书变得独特，只印刷很少的数量，通常附有作者或插图画家的签名。

校样　书在付印前的版本，通常是未校对的文稿，用以发给审稿人审校，并检查印刷内容。

摇篮本　1501年之前的书。（见第24页）

页边空白　每一页版心周围的空白处。

页边注　由书的过往拥有者或者书的主人写在页边空白处的注释或者图示。

右页　一本打开的书的右手页一张纸。

原稿　作者通过手写、打印或电子文稿生成的原始文本；又指抄写员手写的文本。

折标　在书帖底部打印的字母或数字，可用于检查装订顺序。[1]

左页　一本打开的书的左手页，即一张纸的背面。

---

[1]　编者注：我国一般以递进的小黑块标识。

约翰尼斯·谷登堡

令人惊讶的是，人们对约翰尼斯·谷登堡知之甚少[1]，他在欧洲发明了现代印刷机，而他的发明彻底改变了书籍的印刷，并最终把书籍带向了普罗大众。据说，谷登堡大约在14世纪末出生于德国的美因茨。从法律文件中我们可以知道，他最初的工作是制作供朝圣者朝拜圣地时使用的金属手镜。没人知道他是如何从造镜子转向的造活字印刷机，但显然他非常擅长金属加工，而且一定对自己想要达成的目标有一个清晰的愿景——因为，据说，他用了至少十年时间来研发他的活字印刷机。为了筹措经费，古登堡向约翰·富斯特借了钱，但两人后来闹翻了，法庭判决古登堡连本带息地归还借款，并上缴他的一些印刷设备，这让富斯特因此获利。

约1455年，约翰尼斯·谷登堡印刷了欧洲第一本实体书——著名的《谷登堡圣经》（见第70页）。共印了大约180本，有些印在纸上，有些印在犊皮纸上。只有49本（其中12本是犊皮纸）留存至今，使其成为世界上价值最高的书籍之一。教皇庇护二世在写给枢机主教卡瓦哈尔的一封信中曾提到，《谷登堡圣经》的质量出奇地好。教皇评论说，读这本《圣经》的时候你甚至可以不戴眼镜，这表明印刷的清晰度得到了巨大的提升。尽管售价高达30弗罗林①，但所有的《谷登堡圣经》在付印之前就都已被预订，足以证明印刷在当时是一个好商机。

谷登堡的晚年命运如何目前尚不清楚，但已知的是，美因茨大主教为他提供了养老金，以及他于1468年去世。约翰·富斯特和谷登堡的助手彼得·舍费尔继续从事印刷业（用的是谷登堡被迫上交的设备），一起制作了欧洲第一本印有印刷者名字的书，这是一本制作精良的《诗篇》，印刷于1457年。在《谷登堡圣经》问世后的25年内，印刷机已经遍布欧洲，许多大城市都建起了印刷厂，这预示着廉价印刷品和知识民主化时代的到来。

---

① 译者注：弗罗林为13世纪在欧洲一些国家流通的金币。

注 释

1 谷登堡的生平太过神秘，我们只能在他死后多年通过木版画知晓他的面容，而且只能看到一个大略的样子。

失传的作品

不知是出于偶然还是有意为之，许多受人尊敬的作家创作的书、诗歌和剧本都失传了，这确实十分吊人胃口。下面列举了一些现已失传的著名作品：

威廉·莎士比亚《卡德尼奥》

有证据表明，1613年，莎士比亚所在的国王剧团曾为英王詹姆斯一世演出过该剧。这部戏是由莎士比亚和约翰·弗莱彻共同创作的，他们合作过《亨利八世》和《两贵亲》。据推测，这部戏的灵感可能来自《堂吉诃德》（该书在1612年被翻译成英语），因为剧中一个名叫卡德尼奥的角色在这部西班牙巨著中出现过。最初的剧本可能永远也无法找到了，但在18世纪，莎士比亚学者刘易斯·西奥博尔德声称他发现了这部书稿[1]，并将其出版为自己"改良版"的《双重背叛》。现代学者对该文本进行了分析，认为它或许确实是基于莎士比亚当初那份遗失的剧本写成的。

荷马《玛吉特斯》

荷马的这部喜剧史诗创作于约公元前700年，现已遗失，但我们从其他作家那里得知了它的存在（亚里士多德就曾赞扬过它蕴含的幽默才智）。这首诗的一些小片段被保存了下来。我们所能知道的是，这首诗是关于一个玛吉特的人，他无比愚蠢，不知自己的亲生父母为何人。

詹姆斯·乔伊斯《璀璨生涯》

1900年，乔伊斯把这部剧本寄给了苏格兰戏剧评论家威廉·阿彻，后者也是亨里克·易卜生作品的翻译。阿彻给出的回复大多是正面的。但是由于某种原因，乔伊斯认为这并不是一部好作品，于是在1902年销毁了原稿，只剩下扉页，乔伊斯在上面写着："我将我生命中第一部真正的作品献给我的灵魂。"

欧内斯特·海明威的一本关于第一次世界大战的小说

海明威年轻时曾写过一本关于他在第一次世界

大战期间经历的小说。它与其他短篇小说和笔记一起被捆好装在一个手提箱里。1922年，海明威的第一任妻子哈德利乘火车从巴黎前往瑞士的洛桑与欧内斯特会面，当时欧内斯特正在那里为《多伦多每日星报》报道欧洲和平会议。海明威希望能把他的作品展示给一位名叫林肯·斯蒂芬斯的编辑，这位编辑对他的想法很感兴趣。但遗憾的是，这只手提箱在旅途中被偷了，那份手稿也永远地遗失了。据说，海明威对这一损失感到非常难过，但他拒绝尝试重写这部丢失的小说，因此它的内容永远无法为大众所知。

《发现幸运岛》

13世纪，一位不知名的英国僧人来到北极圈，记录下了他对这片令人生畏的风景的印象，包括对他声称是北极的地区的描述。这部作品出版时被命名为《发现幸运岛》，据说在1360年被赠给爱德华三世。这本书现已遗失，但在那之前，它的内容曾被讲述给佛兰德作家雅各布斯·科诺扬，科诺扬也在他的作品《旅行指南》中简述了这本书。但不幸的是，《旅行指南》也遗落在了历史的长河中。不过，1577年，在著名制图师杰勒德·墨卡托写给英国魔术师、天文学家约翰·迪伊的信中，对北极的描述就直接摘自那本《旅行指南》。据说，他将这段描述用在了他那张著名的1595年版世界地图中。

乔治·吉辛《在先知中》

维多利亚时代的小说家乔治·吉辛的小说《新格拉布街》（1891年）可能是他最出名的作品。虽然他是一位高产的作家，但有时对自己的作品缺乏信心。20世纪初，在他的写作生涯和生命走向尾声时，他写了一本小说，名为《在先知中》，据说是关于精神启蒙的。人们认为他写完了这部作品，但最后还是觉得不够满意，所以让他的经纪人烧毁了所有副本。

赫尔曼·梅尔维尔《十字岛》

这本失传的小说可能是梅尔维尔的第八部作品，但被他的出版商哈珀兄弟退稿了。小说的灵感来自阿加莎·哈奇的真实故事，她救了一个遭遇海难的男人，这个男人找到了她并与她结婚，后来却抛弃了她。这份书稿一直未被找到。据推测，这本书被退稿是因为出版商担心如果有读者认出书中的真实人物，本书内容会被视作诽谤。

托马斯·哈代《一个穷人和一位女士》

这是托马斯·哈代的第一部小说，作于1867年。他把这本书寄给了许多出版社，但都被拒之门外，所以哈代转向了其他作品。这本书讲了一个农民的儿子和一个乡绅的女儿之间的爱情故事，并且对当权派进行了相当激烈的负面描写。但正是这一点阻碍了此书的出版，因为本书的主题在当时是一个棘手的问题——虽然大多数出版商都认可了这本书的文学价值。可惜的是，哈代毁掉了书稿，所以我们只能从他后来那些被认为基于他的第一部小说的作品中获取一丝线索，比如《枉费心机》和诗歌《一个穷人和一位女士》。

注 释

1 据推测，这部书稿被存放在考文特花园剧场，但剧场在1808年不幸被烧毁，所以我们也许永远不会知道那是否真的是莎士比亚的那部佚作。

使徒社

使徒社是剑桥大学的一个秘密社团，由后来的直布罗陀主教乔治·汤姆林森于1820年创立，又名剑桥座谈会，因为它最初的成员有12名，所以被称为使徒社。[1] 这个社团表面上是一个辩论俱乐部，实际上讨论的却是宗教、真理和道德等重大问题。使徒会因为拥有许多后来成为文学大师的剑桥学生成员而闻名于世。事实上，布卢姆斯伯里团体的萌芽（见第104页）就是在使徒社产生的。使徒社的大多数成员都来自剑桥大学三一学院、圣约翰学院和国王学院，个人无法随意加入，必须要经过现有成员的提名和批准。直到1970年，女性才被允许加入。自该社团成立以来，所有成员的名字都被记录在一个皮面笔记本上，本上同时还记录了他们辩论过的一些问题。这个本子被认为是英国的一大宝贵财富。

---

[1] 译者注：耶稣的门徒也有12名。

下列文学家都曾是这个社团的成员：

利顿·斯特雷奇、伦纳德·伍尔夫、鲁伯特·布鲁克、E. M. 福斯特、阿瑟·哈勒姆、理查德·蒙克顿·米尔恩斯、阿尔弗雷德·丁尼生勋爵。

书 皮

最早的纸质书皮是在19世纪引进的。起初它们只是普通的纸质包装，被用作保护精装书从装订处运送到图书馆的路上不受损坏。当这些书安全抵达目的地后，包装着的简单书皮就会被丢弃。有的书皮带有镂空，可以看到下面书封上的精美装饰；很快，这些书皮本身也带上了装饰。由于材质易损，只有很少的书皮能够留存至今。实际上，在大英图书馆[1]收藏的书皮中，最早的一张也诞生在较为晚期的1919年。2009年，牛津大学博德利图书馆的一位馆员重新发现了现存已知最古老的书皮。这张可追溯到1830年的白色包装纸，被用来包裹一本名为《友谊的奉献》的丝质封皮礼品书。封蜡的痕迹表明这张书皮把书完全封住了。

到了20世纪20年代，出版商已经意识到这种极具装饰性的书皮所蕴含的销售潜力——它们不仅能吸引读者的眼球，还能为出版社的其他书打广告。

这一时期也是书籍"推荐语"兴起的时期:"推荐语"即一本书的宣传性简介，或许还带着一段该书作者的简短传记，通常被印在书皮的封底上。书皮已然成为一种吸引读者的新方式，因此被设计得越来越引人注目。①

从20世纪20年代留存至今的书皮依然非常抢手，因为它们很容易丢失或损坏。其中最具标志性和价值的书皮，是菲茨杰拉德的《了不起的盖茨比》的初版书皮。这张制作于1925年的书皮，是第一批使用弗朗西斯·库加特这位鲜为人知的西班牙艺术家设计的醒目图画的书皮之一。该书皮用了色彩强烈的蓝背景，两只眼睛眺望着科尼岛上的灯光。这版书皮的价格极高，初版已达到了5000英镑左右，一张保存完整的书皮可以卖到12万英镑。因此，书皮已经从一种保护精装书的简单包装，变为具有收藏价值的艺术品。

---

① 编者注：现在，书皮在出版行业内多称"外封""护封"。

注 释

1 这批收藏包括1.1万件书皮，在写作此书期间被借给了维多利亚和艾伯特博物馆。

中世纪泥金装饰手抄本

早期的手抄本是由抄写员手写的，有些用华丽的插图精心装饰过。泥金装饰（来源于拉丁语 *illuminare*，意为点亮）是一种装饰性插图，常用明亮的色彩和金、银箔绘制。它们可能以边框、小插图或泥金装饰字母的形式出现，而且几乎总是出现在宗教类书籍中作为装饰。脱离了文本、独自占据半页或整页书的大幅泥金装饰图被称为微型画（miniature）。尽管一些埃及手抄本使用了泥金装饰，比如公元前20世纪的《亡灵书》，但已知的第一本西方基督教泥金装饰手抄本，是公元4世纪制作的《奎德林堡〈圣经〉残本》。欧洲的泥金装饰手抄本的制作起步于公元6世纪左右，一直持续到15世纪。现代印刷技术的诞生，标志着泥金装饰手抄本的消亡。根据地理位置或时代的不同，泥金装饰也使用了不同的成分。大多数抄写员会自己调配颜料。[1] 以下汇总了一些中世纪泥金装饰所用的矿物质和颜料：

胭脂红

一种天然的红色颜料，通过碾碎雌性胭脂虫而产生，胭脂虫是一种介壳虫，生活在地中海地区的胭脂虫栎上。据说英语中的深红（crimson）就源于胭脂红（kermes）这个词。

铅白

这种颜料是将铅条密封在尿液或醋中，然后把它埋在粪堆里几天而制成的。铅表面会形成一层硬壳，被刮掉和碾碎后会变成白色。铅白被广泛用于泥金装饰，也被用作化妆品，用来使女性的脸更白。这种方法并不明智，因为铅白中所含的铅有毒。

藏红花色素

通过收集和碾碎藏红花植物的雌蕊而制成的，有时可以代替金箔。

土绿

土绿是最早用于泥金装饰的颜料之一，它来源于矿物绿鳞石和海绿石。土绿色是柔和的黄绿色到灰绿色，通常用作肉色调的底色。

群青

这种明亮的蓝色是中世纪使用的最昂贵的颜料，甚至比黄金还贵。它是一种天然颜料，由产自阿富汗矿山的半宝石——青金石碾碎而成。由于其高昂的成本和稀缺性，群青通常被用来给耶稣和圣母马利亚所穿的亮蓝色斗篷上色。

铜绿

在铜板涂上醋或醋酸，会与铜发生反应形成一层铜皮，刮去铜皮，能做出一种蓝绿色的颜料，即为铜绿。但是铜对羊皮纸有腐蚀性，随着时间的推移，铜绿画出的颜色会从绿色变成棕色或黑色。

朱红

朱红是从由矿物朱砂中提取的一种红色颜料，色彩从橙红色到深蓝红色深浅不同。朱砂是一种有毒的硫化汞，所以开采它是非常危险的。尽管如此，它仍因色彩鲜红而供不应求。

菘蓝

菘蓝在欧洲被习惯用来制造蓝色颜料，它是从菘蓝的叶子中提取出的。据说，早期英国人用它来把皮肤染成蓝色。这种颜料在中世纪手抄本中被广泛使用，也被用来制造《林迪斯法恩福音书》中使用的蓝色。从16世纪开始，随着与印度贸易的增长，菘蓝被颜色更深、更浓的靛蓝所取代。

注 释

1　颜料会与黏合剂混合，黏合剂的材质从蛋彩画到耳垢不定——这是为了让颜色更易使用。

少年时期作品

作家的少年时期作品是他们的早期作品，在他们还是儿童或者青少年时所写。在大多数情况下，这些作品是一位成年作家在出名后为了回顾而发表的，彰显他们在写作上的进步。但是有些是在作者年轻时出版的，在他们去世后才被贴上这样的标签。下面是一些著名的少年时期作品的作者：

勃朗特兄弟姐妹

最出名的少年时期作品，或许就是由勃朗特兄弟姐妹所写的那些。夏洛蒂、艾米莉、安妮和她们的兄弟布兰韦尔创造出了虚构的世界——玻璃镇、安哥利亚和哥恩达尔，这些羽翼未丰的作家所写的小书充满了这些虚构世界的历史。虽然这些稚嫩的作品没有太高的文学价值，但它们为学者提供了一个了解勃朗特兄弟姐妹的发展和性格的有趣视角。现存的勃朗特少年作品成书大约只有20本，其中9本收藏在哈佛图书馆，其余的在勃朗特博物馆和大英图书馆。

简·奥斯汀

简·奥斯汀10岁到17岁之间创作的作品中有三卷小说、诗歌和短文集留存至今。这些作品显然是为了供家人和朋友阅读和分享而写的。笔记本上有很多磨损痕迹，这表明它们确实受到了不少人的喜爱。与奥斯汀成年后的小说不同，这些孩子气的作品表现夸张、充满了想象力。第一卷被收藏在牛津大学博德利图书馆（编号：MS.Don.e.7），另外两卷在大英图书馆。

阿尔弗雷德·丁尼生勋爵

1827年，18岁的丁尼生考入剑桥大学三一学院，并和他的弟弟查尔斯一起出版了《丁尼生兄弟诗集》。这部作品在当时并没有被称为少年时期作品，但随着丁尼生后来取得的巨大成功，他的早期作品便被重新贴上标签，以便与他那些更出名的成熟作品区分开来。

罗伯特·路易斯·史蒂文森

史蒂文森儿时体弱多病，在写作中寻找到了慰藉（尤其是创作虚构的游记）。他孩童时期的许多作品被保留了下来，有些是他6岁时写的，如《摩西传》。这部作品由他口述给他的母亲，并由他本人亲手绘制了插图，目前被保存在苏格兰国家图书馆。

约翰·罗斯金

维多利亚时代的艺术评论家约翰·罗斯金，在孩提时代就表现出了早熟的写作天赋，他从10岁就开始写长诗，而他虔诚的母亲玛格丽特对此深恶痛绝。罗斯金自己也出版了他的少年时期作品，这些作品展现出了他这一生在思想上的一致性。

查尔斯·狄更斯

直到最近几年，查尔斯·狄更斯少年时期作品的一些片段才被人们发现。2012年，这些作品被集合出版为一本小书，名为《菜单、奥赛罗和其他早期作品》。

一些关于书籍和阅读的名言

"每本好书至少要每十年读一遍。"

——C. S. 刘易斯（1898—1963年）

"当我有点儿钱时，我会买书。如果还有剩下的，我就去买吃的和穿的。"

——伊拉斯谟（1466—1536年）

"没有比书更忠诚的朋友了。"

——欧内斯特·海明威（1899—1961年）

"一本书必须是一把冰斧，可以劈开我们灵魂深处冰封的海洋。"

——弗朗茨·卡夫卡（1883—1924年）

"学会阅读就像点燃了一团火，每个被拼出的音节都是火花。"

——维克多·雨果（1802—1885年）

"当使用得当时，书籍是最好的东西；但如果被滥用，它则是最坏的东西。"

——拉尔夫·沃尔多·爱默生（1803—1882年）

"养成阅读的习惯就等于为自己建造了一个避难所，可以逃避生活中几乎所有的痛苦。"

——威廉·萨默塞特·毛姆（1874—1965年）

"在人类所产出的所有事物中，最重要、最美好，也最有价值的东西，叫作书籍。"

——托马斯·卡莱尔（1795—1881年）

"并非所有的读书人都是领导人，但所有的领导人都是读书人。"

——哈里·S.杜鲁门（1884—1972年）

"作家只是书的开始，由读者将它完成。"

——塞缪尔·约翰逊（1709—1784年）

呈缴本制度

　　呈缴本制度的概念是由牛津大学博德利图书馆的创始人托马斯·博德利爵士提出的，根据这个概念，在英国出版的每一本书都要有一份副本保存在国家图书馆里。1610年，博德利与英国出版同业公会达成协议，在英国出版的每一本书都要送一份副本存放在他的图书馆。这项协议是1662年生效的呈缴本制度的前身。根据这项制度，除了皇家图书馆（现在的大英图书馆）之外，印刷商每在英国出版一本图书，还必须向牛津和剑桥的图书馆提供三份副本。[1] 呈缴本制度确保国家收藏不断增加，表现和保存了英国出版业的产物。在1709年和1911年的版权法中，呈缴本制度得到了进一步重申。2003年和2013年，呈缴本制度的范围扩大到网站、博客、光盘和社交媒体等在线和数字项目，以确保图书馆能够跟上技术创新的步伐。以下是英国六个适用呈缴本制度的图书馆（括号内为加入时间）：

牛津大学博德利图书馆（1662年）

剑桥大学图书馆（1662年）

大英图书馆（1709年）

苏格兰国家图书馆（1709年）

都柏林圣三一大学图书馆（1801年）

威尔士国家图书馆（1911年）

注 释

1　大英图书馆是唯一一座自动接收在英国和爱尔兰出版的所有书
　籍副本的图书馆；其他图书馆则有权要求出版者呈缴在过去12
　个月内出版的任何图书。

藏书票

藏书票是一种小的印刷标签，被粘贴进书里以表明其所有权。它们也被称为 *ex-libris*，因为很多上面都饰有拉丁语词句，意思是"来自某某图书馆"，以便收藏家们追踪一本书的所有权。藏书票可以简单朴素，也可以设计精美。有时，藏书票上的图案、座右铭或徽章可以代表书的所有者。

最早的藏书票来自15世纪的德国。在这个时期，书籍是稀有且昂贵的物品，因此书的主人都热衷于确保他们的珍贵藏品上明确地标明了所有权。

多年来，许多著名艺术家都设计过藏书票，使其本身就能成为有价值的收藏品。奥伯里·比尔兹利、马克·夏加尔、凯特·格里纳韦、阿尔布雷希特·丢勒、威廉·贺加斯和罗克韦尔·肯特都创作过藏书票，为这种艺术形式做出了贡献。到了19世纪，藏书票拥有了非常高的收藏价值，许多名人的藏书票都有自己的专属设计样式，包括维多利亚女王、杰克·伦敦、乔治·华盛顿、拜伦勋爵和查尔斯·狄更斯。

从20世纪中叶开始，随着书籍的制作和购买都越来越容易，藏书票开始变得不那么重要，也不再流行了。但史传藏书票的地位依然重要，不仅是对于这件微型艺术品本身，对于图书馆员和收藏家来说亦是如此：藏书票使私人的收藏形成了完整可见的脉络，这有助于图书馆馆员追踪某一本书的所有权和出处。

世界上最大的书店

据吉尼斯世界纪录记载，世界上最大的书店是位于纽约第五大道105号的巴诺书店。这家商店占地1.4万平方米，书架长达20千米。但由于巴诺书店也卖一些非书籍类货品，所以有另一家书店也声称自己是最大的。它是位于俄勒冈州波特兰市的鲍威尔书城，号称自己是世界上最大的独立二手书店和新书书店，共有3500个不同的分区，拥有超过100万本书。

桂冠诗人

英国桂冠诗人这一职位创立于1616年，当时的国王詹姆斯一世为作家本·琼森提供了一笔抚恤金，为王室支持作家开创了先例。第一位正式的桂冠诗人是约翰·德莱顿，由查理二世任命于1668年。[1] 托马斯·沙德韦尔于1689年被任命，并开创了发表一首诗来庆祝君主生日，并用另一首诗庆祝新年的传统。

阿尔弗雷德·丁尼生勋爵可能是最著名和最受爱戴的桂冠诗人，他在任期内创作了《轻骑兵的冲锋》。出于对丁尼生的尊敬，在他去世后，桂冠诗人的职位空缺了四年。如今，这个职位的任期为十年，它是荣誉性的，意味着诗人可以自由选择写什么和什么时候发表他们的诗歌。一些著名的桂冠诗人有：

约翰·德莱顿（1668—1669年在任）

科利·西伯（1730—1757年在任）

威廉·华兹华斯（1843—1850年在任）

阿尔弗雷德·丁尼生勋爵（1850—1892年在任）

塞西尔·戴-刘易斯（1968—1972年在任）

约翰·贝奇曼（1972—1984年在任）

特德·休斯（1984—1998年在任）

安德鲁·姆辛（1999—2009年在任）

卡萝尔·安·达菲（2009—2019年在任）

有三位诗人拒绝了任命，分别为：1757年的托马斯·格雷（似乎是因为缺乏自信）、1850年的塞缪尔·罗杰斯（因为年事已高），以及1813年的沃尔特·斯科特（他推荐了罗伯特·骚塞）。

注 释

1　不幸的是，德莱顿既是第一位桂冠诗人，又是第一个被免职的人。1688年，当新教徒威廉三世和玛丽二世登上王位时，皈依天主教的德莱顿拒绝向新君主宣誓效忠，因此被托马斯·沙德韦尔所取代。

出现印刷错误的书

在图书收藏界，那些有印刷错误的书籍是抢手的稀罕货。可能是因为书中的错误表明这是一本早期印刷的书；或者是因为印刷错误一旦被发现，这批书就会被召回并化成纸浆，使留存下来的那些变成稀缺物。

一些著名的出现印刷错误的书如下：

《邪恶圣经》

本书印刷于1631年，这个版本的钦定版《圣经》在印刷《十诫》时出现了一个相当关键的错误："不可奸淫"被印成"应当奸淫"。这让世界各地的罪人喜出望外。据说《邪恶圣经》只有10本留存至今，所以该版本如今价值连城。

《哈克贝利·费恩历险记》

马克·吐温的这本著名小说于1885年在美国首

次出版，其中有几处错误，包括第57页的"with the was"被印成了"with the saw"。这个错误在第二次印刷时被纠正了，因此，出现排版错误的才是真正的第一版。

《太阳照常升起》

欧内斯特·海明威的初版《太阳照常升起》（1926年）在第181页第26行有一个错误："stopped"多了一个"p"，变成了"stoppped"。书皮上还列出了他以前的作品"In Our Times"（应为"In Our Time"）。初版中的这些错误使其价值远超经过更正的第二版印刷。

《美国悲剧》

西奥多·德莱赛1925年出版的小说《美国悲剧》，在初版印刷时出现了一个相当有趣的错误。该版本没有使用"船"（ships）这个词，而印成了"就像两个小碎片（chips）在汹涌但温和的大海上被抛来抛去"。这创造了一幅十分壮丽但是错误的心理意象图。

《哈利·波特与阿兹卡班的囚徒》

J. K. 罗琳的《哈利·波特与阿兹卡班的囚徒》是"哈利·波特"系列的第三本，它在英国的初版有一个印刷错误：版权页上印的不是作者的笔名"J. K. 罗琳"，而是作者的真名"乔安妮·罗琳"。这个错误在第二次印刷时被更正了，所以出现这个错误的书就是真正的初版，并因此价值更高。

《时间机器》

1895年，当H. G.韦尔斯的这部开创性小说在美国出版时，出版社霍尔特公司不小心把扉页上作者姓名的首字母印错了，变成H. S. 韦尔斯。这个初版更具价值的原因还在于海涅曼公司同年出版的英语版中包含16个章节和1篇后记（额外内容出自该书此前的连载版本），而霍尔特版只有12章。因此，如今的大多数版本都基于海涅曼公司出版的版本。

纸的历史

　　"纸"这个词来源于纸莎草（见第11页），古埃及人用这种植物来制作可以书写的薄纸。虽然纸莎草和纸张类似，但是通过层积芦苇造纸的方法不符合浸渍纤维造纸的定义，因此真正的造纸术应该归功于公元100年左右的中国人。据传说，造纸术发明于公元105年，当时汉朝皇帝汉和帝的宦官蔡伦发明了一种浸渍植物纤维的技术。这些纤维（来自桑树、大麻、布料、树皮和草）被放在一个装满水的大桶里，再将筛网浸入桶中，直到筛网表面附满纤维。然后，把筛网从水中拿出来晾干，形成一层薄薄的干燥植物纤维，这就是所有现代纸张的前身。正是因为这一发现的重要性，蔡伦被誉为造纸之神。

　　造纸术在中国作为一个严守的秘密存在了数百年，直到公元7世纪才传到日本。那时候的纸是由麻布、稻草、茶叶秆还有竹子制成的。公元751年，一支中国商队在今天的乌兹别克斯坦撒马尔罕附近被俘虏。囚犯中有几位造纸大师，他们很快就被派去撒马尔罕造纸，使这里成了一个新的造纸中心。从这里开始，这项技术慢慢地传遍了中亚，并从9世纪开始传入中东。

来自亚洲和伊斯兰世界的纸在11世纪开始出现在欧洲。1065年，托莱多建起了一家造纸厂，此后在欧洲稳步拓展。法国在1190年建起了一家造纸厂，意大利的法布里亚诺1276年建起，美因茨1320年，英国1490年。到了1455年，当第一本印刷书籍——《谷登堡圣经》从德国的印刷机上被取下时，它是用犊皮纸和纸张印刷的。早期的欧洲纸浆是由回收的亚麻和棉布的制成的，在18世纪氯气被发现之前，纸浆没有经过漂白，因此通常都是灰色的。1282年，法布里亚诺的纸上首次用水印显示其产地，很快成了造纸的惯例。

随着书籍的价格越来越便宜，对纸的需求也越来越大，但是由于欧洲的纸是用旧布制成的，所以纤维的产量很难达到造纸需求。越来越多的造纸厂开始生产纸张，但这仍然是一项高技术含量的工作，因为每张纸都是手工制作的。许多早期造纸机应运而生，迄今为止最成功的是1807年在法国获得专利的长网造纸机。这种蒸汽驱动的机器可以让纸浆源源不断地输送到移动的网带上，这使得连续制造成为可能，从而大大加快了生产速度。1843年，人们终于发现木浆这种价格低廉、储量丰富的造纸原料，再加上自动化造纸机的改进，这使得纸变得更加多样和便宜。

世界读书日

世界读书日是由联合国教科文组织设立的，诞生于1995年4月23日，现在全世界都会在每年的4月23日庆祝这个节日。选择这一天因为它是著名作家威廉·莎士比亚、米格尔·塞万提斯和印卡·加西拉索·德拉维加去世的日子。只有在英国和爱尔兰，世界读书日是在3月的第一个星期四举行的，因为4月23日已经被定为圣乔治日。设立世界读书日为了在全世界推广书籍和阅读，并对许多杰出的作家进行表彰。在英国，世界读书日可能是家长们最害怕的一天，因为他们要被迫为学校规定的"打扮成你最喜欢的书中人物日"采购合适的服装。除此之外，从1994年以来，英国每年10月都会庆祝全国诗歌日，通过举办演出、朗诵会和其他诗歌类活动来推广诗歌。

被翻译的作品

根据联合国教科文组织建立的译文索引（该索引自1979年以来一直在统计翻译作品），其中以下十种语言写成的作品被翻译的次数最多：

排名	语言	被翻译的作品数量
1	英语	1 265 324
2	法语	225 799
3	德语	208 091
4	俄语	103 599
5	意大利语	69 544
6	西班牙语	54 554
7	瑞典语	39 977
8	日语	29 242
9	丹麦语	21 250
10	拉丁语	19 952

值得注意的是，大多数作品都被翻译成了德语，其次是法语、西班牙语、英语和日语。世界上被翻

译最多次的是《圣经》，它的全集或选本已经被翻译成了2883种不同的语言（世界上已知的语言大约有7000种）。

库尔特·冯内古特的短篇小说写作技巧

在库尔特·冯内古特的短篇小说集《巴格博鼻烟壶》（1999年）的序言中，作者给出了一系列关于如何写好短篇小说的技巧：

◆ 在一个陌生人物上花费时间要让人察觉不到时间的流逝。

◆ 给读者至少一个让他或她可以支持的人物。

◆ 每个人物都应该有所求，哪怕只是一杯水。

◆ 每个句子都至少要起到表现人物或者推动情节的作用

◆ 尽可能做到首尾呼应。

◆ 成为一个施虐狂。无论你的主角多么可爱和无辜，都要给他们设计一些可怕的遭遇，以便读者更深入地了解他们。

◆ 只为取悦一个人而写作。打个比方说，如果你打开窗户向全世界示爱，你的故事就会患上肺炎。

◆ 尽快给你的读者提供尽可能多的信息，别搞什么悬念。读者应该对故事的发展、地点和原因有完整的了解，这样就算蟑螂吃掉了最后几页书纸，读者也可以靠自己完成这个故事。

出道最晚的作家

有句古老的谚语说，好事总会降临在耐心等待的人身上。下列作者也许能印证这句话，他们都是在40岁之后才出版了自己的第一本书。

作家	书名	年龄[1]
威廉·S.巴勒斯	《瘾君子》（1953年）	40岁
乔治·艾略特	《亚当·贝德》（1859年）	40岁
亚瑟·米勒	《北回归线》（1934年）	44岁
萨德侯爵	《贾斯汀》（1791年）	51岁
理查德·亚当斯	《兔子共和国》（1972年）	52岁
安娜·休厄尔	《黑美人》（1877年）	57岁
劳拉·英格尔·怀德	《大森林里的小木屋》（1932年）	65岁
弗兰克·麦考特	《安琪拉的灰烬》（1996年）	66岁

值得一提的还有多丽丝·莱辛，在漫长且硕果

---

[1] 编者注：指作家出版该作品时的年龄。

171

丰厚的写作生涯中，她一共出版了数十本小说、散文集和诗集。她的第一部作品《野草在歌唱》（1950年）在她31岁时出版，而她的最后一部作品《我的父亲母亲》（2008年）是在她89岁时出版的。

装　订

　　装订技术始于公元1世纪，跟最早的手抄本同时出现。在此之前，大多数的书写都是在泥版或卷轴上完成的。手抄本是由缝在两块木板之间的犊皮纸或羊皮纸制成的，这是现代书籍的雏形。这不仅使书籍更加坚固，而且使书籍更容易存储，这种制作方法也逐渐形成规范。

　　在中世纪早期，大多数书籍都是宗教经文，由修道院手工制作，每一卷都需要耗费数月精心创作。早期的装订有时被称为"支撑缝纫"。这种方法将书芯缝在柔软的带子或绳子上，并以直角固定在书脊上。然后把它们用木板固定在一起，使其保持平整。随着装订技术的发展，这些木板通过包裹皮革连接到书的其他部分，在约公元400年时，出现了皮质封面装饰雕花。

　　现存最古老的完整欧洲书籍是《圣卡思伯特福音书》，它精美地装在雕花皮革封面中，最后与圣卡思伯特一起埋在诺森伯兰的林迪斯法恩。该书于1104年从卡思伯特的棺材中取出，自2012年以来，它一直保存在大英图书馆里。

几百年来，由于僧侣们一直负责监督大部分书籍的生产，所以书籍装订几乎没有什么变化。然而，随着纸张和印刷机的出现，书籍从修道院走向了主流社会。这一发展意味着书籍产量的突然暴涨，因此也需要更有效的方法来装订它们。缝纫技术变得更加精简，细线被用来缝订书芯。生产者开始用硬纸板（压在一起的几层纸）而不是用木头做书的封面，这意味着不再需要专门的木工，而且手工在硬纸板上打孔也更加容易。

在16世纪，书的尺寸变得越来越小，因此装订起来也更容易。鞣制的山羊皮（也被称为摩洛哥皮）作为书的封面传入欧洲。15世纪，市面上开始流行华丽的金色压纹，书名开始被印在书脊上。大多数书都是直接打印厂买的，未经装订，许多藏书家会把他们所有的书都装订成相似的风格，创造出一座漂亮的图书馆。

19世纪后期，当机器开始被用于锁线、胶装、镶边和加封，书籍装订技术又向前迈了一大步。到了20世纪30年代，随着平装书的出现，用胶水固定书页而非锁线固定的无线胶装成为新的标准。

传统书籍尺寸

传统上，书籍的尺寸是将书页的大小设想为最初印刷所用大纸的一部分。当印刷一本书时，先在一张大纸的两面都印上偶数页数的书页，然后将这张大纸折叠起来，并裁剪边缘以使书页以正确的方式排列。书籍尺寸的名称是基于原始大纸和书页部分的大小，例如，一个皇家8开本就是一张皇家印刷纸大小的八分之一。最常见的传统纸张名称和尺寸（纸张尺寸因国家而异）如下[1]：

皇家印刷纸 （royal）	20×25 英寸（50.8×63.5 厘米）
中号印刷纸 （medium）	18×23英寸（45.72×58.42厘米）
王冠印刷纸 （crown）	15×19英寸（38.1×48.26厘米）

---

[1] 编者注：此表及后表均为英制名称及尺寸。

确切的纸张尺寸因为装订和裁剪存在细微差距。

传统书籍尺寸列表如下：

名称	被折叠的次数	每帖纸的张数	每帖纸的页数	纸张尺寸（英寸）
皇家对开本	1	2	4	$20 \times 12\frac{1}{2}$
皇家4开本	2	4	8	$12\frac{1}{2} \times 10$
皇家8开本	3	8	16	$10 \times 6\frac{1}{4}$
皇家16开本	4	16	32	$6\frac{1}{4} \times 5$
皇家32开本	5	32	64	$5 \times 3\frac{1}{8}$
皇家64开本	6	64	128	$3\frac{1}{8} \times 2\frac{1}{2}$
中号对开本	1	2	4	$18 \times 11\frac{1}{2}$
中号4开本	2	4	8	$11\frac{1}{2} \times 9$
中号8开本	3	8	16	$9 \times 5\frac{3}{4}$
中号16开本	4	16	32	$5\frac{3}{4} \times 4\frac{1}{2}$
中号32开本	5	32	64	$4\frac{1}{2} \times 2\frac{7}{8}$
中号64开本	6	64	128	$2\frac{7}{8} \times 2\frac{1}{4}$
王冠对开本	1	2	4	15×10
王冠4开本	2	4	8	$10 \times 7\frac{1}{2}$
王冠8开本	3	8	16	$7\frac{1}{2} \times 5$
王冠16开本	4	16	32	$5 \times 3\frac{3}{4}$
王冠32开本	5	32	64	$3\frac{3}{4} \times 2\frac{1}{2}$
王冠64开本	6	64	128	$2\frac{1}{2} \times 1\frac{7}{8}$

此外，还有超大尺寸书籍的分类，例如23英寸（约58厘米）高的大象对开本、25英寸（约63.5厘米）高的图册对开本，以及最大的书籍尺寸——双象，用于高达50英寸（127厘米）的书籍。

世界上最神秘的书

《伏尼契手稿》

1912年，一位波兰裔美国书商威尔弗里德·M.伏尼契从罗马附近的一家耶稣会学院购买了许多教科书，其中一本书立刻引起了他的注意。它似乎年代久远，而且是用某种未知的字体书写而成，里面画满了植物、人和星座的插图。许多专家认为这就是一场骗局，但是其中犊皮纸样品的碳测定年代可追溯到15世纪初，人们同时认为它来自中欧。

语言学家和密码破解者很快就开始竞相破译这种神秘的语言，但它无法被翻译出来。人们认为这份手稿最初属于魔术师和占星家约翰·迪（1527—1608年），然后传给了神圣罗马皇帝鲁道夫二世（1552—1612年），并从此从失去踪迹，直到1912年再次出现。从1969年开始，这份手稿就被保存在耶鲁大学的拜内克图书馆中。

最近，学界利用计算机程序对该书文本内容进行的分析研究表明，其中确实存在一种语言结构，这意味着它不是胡言乱语。但是，其文本的真实含义我们仍然不得而知，并且依然令人着迷。

世界上已知最古老的书

下面介绍一些世界上现存最古老的完整书籍[1]：

《圣格雷戈里大帝的牧养》

这是最古老的一本完全用英语写成的书，从教皇格雷戈里一世的拉丁语版翻译而来，由阿尔弗雷德国王在9世纪晚期交给伍斯特主教。它在1671年来到位于牛津的博德利图书馆。（编号：MS. Hatton 20）

推测书龄：1120岁

《凯尔经》

这本精美的泥金装饰手抄本收录了《新约》的四部福音书。可能是由苏格兰艾奥那岛的僧侣在公元800年左右制作，它被认为是凯尔特艺术最伟大的珍宝之一，目前在都柏林圣三一大学图书馆展出。

推测书龄：1216岁

《圣卡思伯特福音书》

《圣卡思伯特福音书》是欧洲最古老的完整书籍。约公元前698年，它与圣卡思伯特的尸体一起被埋葬在诺森伯兰的林迪斯法恩。1104年，为了躲避维京人的袭击，灵柩被转移到达勒姆座堂，并被打开，使这本书再次出现在世人面前。这本漂亮的雕花皮革书于2012年被大英图书馆收藏。

推测书龄：1318岁

《莱顿植物标本集》

它诞生于公元6世纪，是4世纪《伪阿普莱乌斯植物标本集》的副本。后者是中世纪使用最广泛的标本集之一。《莱顿植物标本集》现保存于莱顿大学图书馆。

推测书龄：1466岁

《拿戈玛第经集》

1945年，一个农民在拿戈玛第一个密封的罐子中发现了一批用科普特语写成的诺斯替教文献。这本用皮革包裹的纸莎草抄本共计12卷，内容为宗教经文，被认为写于公元3—4世纪。

推测书龄：1700年前

《伊特鲁里亚金书》

它是世界上已知最古老的"书"[2]，由纯金制成，只有六页，用金环串在一起。大约60年前，这本书在保加利亚西部的一个伊特鲁里亚古墓中被发现，其年代可以追溯到公元前660年。这些书页中包含以伊特鲁里亚语书写的文字（目前尚未被翻译出来），并配有勇士、里拉琴和海妖的压印图。这本书被捐赠给位于索菲亚的保加利亚国家历史博物馆。

推测书龄：2675岁

注 释

1 里面有一本书被定义为手抄本，由折叠的书页制成。
2 严格来说，虽然这个黄金制物的形状像一本书，但它是由独立的书页而非折叠的书页制成的，所以它不能被称为真正意义上的书。

漫画简史

通过图画和文字讲述故事，在历史上随处可见，有些人认为漫画的早期前身包括洞穴壁画或贝叶挂毯。18世纪的漫画家，如威廉·贺加斯、詹姆斯·吉尔雷和托马斯·罗兰森，使得讽刺画流行起来。来自瑞士的艺术家鲁道夫·托普佛（1799—1846年）是创作连环漫画的第一人：由于视力不好，他无法绘制出栩栩如生的图画，而是改用涂鸦来讲故事。1831年的《贾伯特先生的故事》是托普佛出版的第一本漫画书，但对这一流派的发展产生了巨大影响的是1837年的《维厄·博伊斯的故事》（1842年，在美国以《奥巴代亚·奥德巴克历险记》之名出版）。

在英国，廉价恐怖小说中那些的扣人心弦却毫无价值的恐怖故事为连环漫画奠定了基础，这一点也被譬如《朱迪》这样的幽默杂志所利用。该杂志创立于1867年，有一部以阿利·斯洛珀为主角的连环漫画，它是《淘气阿丹》中"顽童"形象的前身。英国的漫画主要面向儿童，但保持着一种略带颠覆性的风格。1921年，D. C. 汤姆森公司的第一部漫画《冒险》问世，书中充满了英雄和激动人心的故事。1929年，漫画《丁丁历险记》（第一部）在法国诞生。

在美国，公认的第一部现代连环漫画是理查德·奥特考特的《黄孩子》，它于1895年首次出现在《纽约世界》上。早期的连环漫画刊登都在流行报纸上，主要为了搞笑（因此而得名），但杰尔姆·西格尔和约瑟夫·舒斯特在1938年创作的《超人》真正改变了连环漫画的风格，使得它从有趣的短篇故事变成超级英雄的冒险。在第二次世界大战期间，人们从美国队长等爱国主义角色身上找到了慰藉和灵感，超级英雄漫画开始蓬勃发展。直到今天，美国的超级英雄漫画和英国的儿童漫画（如《比诺》）依然广受欢迎，这反映了它们对于流行文化的持续性影响。

最受欢迎的儿童读物

下列是一些最受读者喜爱的儿童读物，还有它们在全世界售出的令人咋舌的数量：

书名	册数
《少年阿莫的秘密日记》（1982年） 作者：休·汤森	2000万册
《饥饿游戏》（2008年） 作者：苏珊·科林斯	2300万册
《柳林风声》（1908年） 作者：肯尼思·格雷厄姆	2500万册
《好饿的毛毛虫》（1969年） 作者：埃里克·卡尔	3000万册
《木偶奇遇记》（1881年） 作者：卡洛·科洛迪	3500万册
《彼得兔的故事》（1902年） 作者：比阿特丽克斯·波特	4500万册
《夏洛特的网》（1952年） 作者：E.B.怀特	5000万册

书名	册数
《兔子共和国》（1972年） 作者：理查德·亚当斯	5000万册
《黑美人》（1877年） 作者：安娜·休厄尔	5000万册
《绿山墙的安妮》 作者：L. M. 蒙哥马利	5000万册
《纳尼亚传奇》（1950年） 作者：C. S. 刘易斯	8500万册
《哈利·波特与魔法石》（1997年）[1] 作者：J. K. 罗琳	1.07亿册
《小王子》（1943年） 作者：安托万·德·圣-埃克苏佩里	1.4亿册
《霍比特人》（1947年） 作者：J. R. R. 托尔金	1.42亿册

注 释

[1] 我没有把其他6部"哈利·波特"系列的书列入这个书单，这个
系列的每本书都卖出了超过5000万册。

数字出版简史

第一本电子书的出版时间在业界引起了激烈的争论，部分由于大多数新技术需要过一段时间才能被正确定义。但是如果我们将电子书归类为以数字形式出版的作品，那么这项技术的早期采用者就包括谷登堡计划。它是世界上第一个数字图书馆，自1971年以来一直致力于将具有文化重要性的文档和公版书数字化，并在互联网上公开提供。同样，许多参考书已经在只读光盘上存在多年了，例如1989年启用的《牛津英语词典》电子版。

1987年，朱迪思·马洛伊编写了一部超文本小说《罗杰叔叔》，能够根据读者所选的链接提供不同的故事选项——这是最早的原创电子小说之一。第一部数字出版的完整小说是彼得·詹姆斯的惊悚小说《宿主》，它在1993年以两张软盘的形式出版。直到2000年，斯蒂芬·金推出了第一本面向大众市场的电子书——中篇小说《骑弹飞行》，并在短短48小时内卖出了50万本。自此之后，电子书才真正成为主流。电子书市场也进入了稳步增长，尤其是在美国。2011年，电子书在亚马逊上的销量已经超过了实体书。

字体：衬线字体和无衬线字体

　　早期的字体（见第59页）都包含衬线，每个字母末尾的小笔触就像是用钢笔或画笔写出来的一样。人们认为衬线字体起源于刻在石头上的罗马铭文，正是衬线给字体增添了装饰。现代广泛使用的衬线字体是：

　　Times New Roman（新罗马字体）

　　大家认为衬线字体比无衬线字体阅读起来更容易，部分原因是字母底部的衬线有助于创造出更明显的线条，以供人的眼睛跟随，因此这种衬线字体通常用于书的正文部分。

　　19世纪后期，字体设计师推出了无衬线字体（sans serif fonts），"sans"在法语中的意思是"没有"。威廉·卡斯隆四世是最早（1816年）创造无衬线字体的设计师之一，但过了一段时间，这种字体才开始流行。到了20世纪20年代，更多的无衬线字体被开发出来，并成为标题、书名、广告和新闻头条中常用的字体样式。最常见的无衬线字体是：

Helvetica（赫维提卡体）

赫维提卡体，由瑞士设计师马克斯·米丁格于1957年开发。这是一种干净、清晰的字体，非常适合用在标题、公司名和新闻头条上。

传统的图书出版会使用衬线字体，最常用的衬线字体可能是：

Garamond（加拉蒙字体）

但是，随着越来越多的人开始在电脑屏幕上阅读，无衬线字体在网络内容中也越来越受欢迎，因此诸如前文提到过的Futura（未来体）和Myriad（无数体）这类的字体在电子书中变得更加常见。

词典简史

词典是将一种语言的词汇按字母顺序排列集合，并解释这些词汇在同一种语言或另一种语言中的含义的书籍。词典条目可能包括含义、词源、发音注释和使用方法。现知最早的词典是在今天的叙利亚发现的，来自阿卡德帝国。约公元前2300年，这些词典被写在楔形文字的泥版上，其内容主要是将阿卡德语词汇翻译成苏美尔语。在中国、日本、希腊和中东地区也存在许多早期的词典。

到了中世纪，词典更像是一个长长的词汇表，里面列出了拉丁词汇在当地方言中的对应词。最早的英语词典之一是理查德·马尔卡斯特的《基础教育》。该书出版于1582年，旨在推广英语语言，在当时，英语被视为更广泛使用的拉丁语的小分支。这本书包含了大约8000个不按字母顺序排列且未经定义的单词。因此，虽然我们今天能认出其中的很多单词，例如"elephant"（大象）和"glitter"

（闪光），但还是有一些单词的含义已经丢失，如"flindermouse"（飞鼠）。

出版于1656年的托马斯·布朗特的《词汇注释表》是最早包含词汇定义的英语词典之一。1755年，塞缪尔·约翰逊的大部头词典《约翰逊大词典》出版。约翰逊的作品内容十分详尽，因此它被公认为英语使用的可靠来源，并为以后所有的词典定下了基调。其中的条目按字母顺序排列，包括了词汇的定义和在引文中的例句。约翰逊和他的6个助手花了8年时间，编纂了这部4万字的词典。

1879年，牛津大学出版社被要求编纂一部综合性的英语词典，其中包括历史上的、过时的和已经丢失的词，以及最新的词汇。词典编辑詹姆斯·默里孜孜不倦地寻找能被收录的词汇，还有数百名志愿者加入进来，一起在旧书和文献中寻找备选的词汇和用典。这些发现被记在字卡上交给默里，供他查阅和筛选。默里最大的帮手是美国内战老兵威廉·切斯特·迈纳博士，他因枪杀一名男子而在布罗德莫精神病院服无期徒刑，因此有大把的空闲时间。1928年，完整的《牛津英语词典》（*OED*）终于问世，共分为12卷，成为最全面的英语指南。《牛津英语词典》依然会每三个月更新一次，如今已包含了超过60万个单词。

小说中的虚构语言

安东尼·伯吉斯《发条橙》（1962 年）

伯吉斯是一位敏锐的语言学家，发明了一种受俄语影响的暗语——纳查奇语（Nadsat），供书中的青少年使用。"Nadsat"一词本身来源于俄语数字11—19的后缀，推动其成为英语单词"teen"（青少年）的同义词。

纳查奇语的一些例子：droog（朋友）、pony（明白）、veck（人）。

乔治·奥威尔《1984》（1949 年）

奥威尔的这本反乌托邦小说介绍了一种英语的新形势——新语。它的目的是去除语言中多余的词汇，消除同义词和反义词，留下一种断断续续、整齐划一的语言，据说新语消除了对思考的需要，凸显了国家的统治地位。

新语的一些例子：duckspeak（鸭话，不假思索地说）、thoughtcrime（思想罪，具有危险或颠覆性的思想）、unperson（非人，把自己的所有痕迹都抹去的人，就好像从未存在过一样）。

J. R. R. 托尔金《魔戒》（1955 年）

托尔金为他的史诗级小说创造了两种语言，并能用自创的字母拼写完成。精灵语（托尔金为其创作了两个版本：昆雅语和辛达林语）深受威尔士语和芬兰语的影响，具有音乐性和神秘性。托尔金在他的书中还提到了其他几种自创的语言，比如黑暗语（由索伦发明，供魔多的居民使用，魔戒上的铭文就是用这种语言写的）。

精灵语的一些例子：alda（树）、duin（河）、minas（塔）。

理查德·亚当斯《兔子共和国》（1972 年）

亚当斯创造了一种叫作拉宾语的虚构语言，这种语言在他的小说《兔子共和国》中被兔子们使用。这种语言从未得到完全发展。亚当斯一边走路一边造词，目的是创造一种听起来软绵绵、适合兔子使用的语言。例如：homba（狐狸）、hrududu（汽车）、frith（太阳）。

乔治·R. R. 马丁《冰与火之歌》

马丁为他笔下的游牧民族多斯拉克人创造了一种语言。在书中，马丁使用了少量的多斯拉克语，但是在电视剧改编的《权力的游戏》中，这种语言已经被发展得很完善了。一些例子：Qoy Qoyi（吾血之血）、khal（首领）、Me nem nesa（众所周知）。

著名的结束语

一句深刻或有力的结束语可以使读者回味。作者也需要高超的笔力才能给小说留下一个令人满意的结局。以下这些小说的结束语尤其令人难忘：

"于是我们奋力向前划，逆流向上的小舟，不停地倒退，进入过去。"

——斯科特·菲茨杰拉德
《了不起的盖茨比》(1925年)

"哦，我的姑娘们，不管你们今后怎样，我想，没有什么比这更能给你们巨大的幸福了!"

——路易莎·奥尔科特《小妇人》(1868年)

"一堆乌云遮住了远处的海面，通向天涯海角的河道在阴云密布的天空下静静地流淌——像是通向无尽黑暗的最深处。"

——约瑟夫·康拉德《黑暗之心》(1899年)

"他踏上归途，走向树林，身后是广阔的天空，随风摇动的麦田里，净是微风的细语。"

——杜鲁门·卡波特《冷血》（1965年）

"这时候，纽兰·阿切尔仿佛看到了久等的信号，慢慢站起身，独自朝旅馆走去。"

——伊迪丝·华顿《纯真年代》（1920年）

"他关上灯，回到了杰姆的房间里。他要在那里守护一整夜，等杰姆明天早晨醒来的时候，他还守在床边。"

——哈珀·李《杀死一只知更鸟》（1960年）

"不论他们到什么地方，不论他们在路上遇到什么事，在森林高处的那块魔地，永远都会有一个小男孩和他的熊在一块儿玩。"

——A.A.米尔恩《小熊维尼和老灰驴的家》（1928年）

"是的，她极度疲劳地放下手中的画笔想道：我终于画出了在我心头萦回多年的幻景。"

——弗吉尼亚·伍尔夫《到灯塔去》(1927年)

"火炭灰随着咸涩的海风朝我们这儿飘来。"

——达夫妮·杜莫里埃《蝴蝶梦》(1938年)

"我在那温和的天空下面，在这三块墓碑前流连！望着飞蛾在石南丛和兰铃花中扑飞，听着柔风在草间吹动，我纳闷有谁能想象得出在那平静的土地下面的长眠者竟会有并不平静的睡眠。"

——艾米莉·勃朗特《呼啸山庄》(1847年)

"毕竟，明天又是新的一天。"

——玛格丽特·米切尔《飘》(1936年)

― 书籍发展年表 ―

最早的手稿是写在卷轴上的——一张长长的羊皮纸或者纸莎草，文字以竖列写就，手稿被卷成一个卷轴。这些手稿在两端都有滚轴，让它更容易展开，使读者阅读时可以在展开一边的同时卷起另一边。公元1世纪，印度出现了第一本"书"。那是用灯黑写在平整棕榈叶上的宗教经文，并被缝在两块木板之间。从公元2世纪开始，手抄本开始逐渐普及。手抄本是现代书籍的早期形式，有书页和封面。与卷轴相比，手抄本更节省羊皮纸（因为一页的两面都可以书写），而且更方便运输和存放，这或许在一定程度上解释了为什么手抄本很快成为西方世界最主流的书籍形式。

以下是书籍发展年表：

公元前2400年	现存最早的纸莎草卷轴诞生于埃及。
约公元前600年	欧洲的书写变得更加标准化，顺序为从左到右。

公元前500—前400年	在希腊，用动物皮做的羊皮纸替代了纸莎草。
公元前400—前300年	中国人开始在丝绸上书写。
约公元前295年	亚历山大图书馆成立。
约公元前200年	罗马人和希腊人发明了蜡版。
公元前150—公元40年	诞生了用希伯来语和阿拉米语写成的《死海古卷》。
约150年	中国人开始用植物纤维造纸。
150—450年	书籍的形式逐渐从卷轴转向手抄本。
610年	造纸术从中国传入日本。
868年	现存最早的木刻印刷书籍《金刚经》诞生于中国。
895年	以色列的摩西·本·阿舍在《先知书》中第一次使用了版权页。
约1000年	造纸术传给了西班牙的摩尔人。
约1041—1048年	中国发明了活字印刷术。
1200—1300年	在意大利，书籍制作工作从修道院的缮写室转向大城市的普通抄写员手中。
约1230年	高丽人发明了金属活字印刷术。
1255年	热那亚建起了一家造纸厂。
1338年	法国建起了现知最古老的造纸厂。
1403年	英国出版同业公会在伦敦成立。

1423年	欧洲现存最古老的雕版印刷作品——一幅圣克里斯托弗的画像诞生,目前保存在曼彻斯特的约翰·赖兰兹图书馆。
1439—1450年	约翰尼斯·谷登堡发明了金属活字印刷机。
1455年	谷登堡印刷了《谷登堡圣经》,这是欧洲第一本活字印刷的书。
1457年	约翰·福斯特和彼得·舍费尔印刷的《美因茨诗篇》是第一本多色印刷的书。
1476年	威廉·卡克斯顿在威斯敏斯特创办了一家印刷厂。
1495年	约翰·泰特在赫特福德郡创办了英国第一家造纸厂。
1501年	奥尔德斯·马努修斯在威尼斯发明了斜体字和8开本书籍形式。
1534年	剑桥大学出版社成立,1583年印刷了第一本书。
1605年	在斯特拉斯堡印刷了第一份《关于所有领袖和值得纪念的历史》。
1621年	第一份英语报纸《科兰特报》印制发行。
1640年	北美地区印刷了第一本书:《海湾诗篇》。
1709年	英国通过了《安妮法令》,这是世界上第一部著作权法。
1755年	塞缪尔·约翰逊的《约翰逊大词典》出版。

1796年	阿洛伊斯·塞内费尔德发明了平版印刷术。
1798年	威廉·斯坦诺普发明了铸铁印刷机，取代了木制印刷机。
1812年	弗里德里希·凯尼格发明了蒸汽滚筒印刷机。
1832—1860年	廉价恐怖小说和其他面向大众的廉价书籍开始流行。
19世纪40年代	在德国，木材被用来制造纸浆。
1886年	《伯尔尼公约》确立了国际版权互惠原则。
1886年	莱诺整行铸排机诞生，革新了排版技术。
1935年	第一本企鹅平装书出版。
1995年	第一家网络书店亚马逊成立。
2000年	斯蒂芬·金的《骑弹飞行》成为第一本面向大众公开发行的电子书。
2004年	索尼发布了第一台电子书专用阅读器Librie。

— 中外文译名对照表 —

academic books, Most influential　最具影响力的学术著作

Amazon　亚马逊

Apostles society　使徒社

Austen, Jane　简·奥斯汀

Authors　作家

 most prolific　最高产的作家

 most translated　作品被翻译次数最多的作家

 oldest debut　出道最晚的作家

 youngest debut　出道最早的作家

Baileys Women's Prize for Fiction　百利女性小说奖

Bay Psalm Book　《海湾诗篇》

Bible, making of　如何制作一本《圣经》

Bloomsbury Group　布卢姆斯伯里团体

Bodleian Libraries　博德利图书馆

Book of the Dead　《亡灵书》

Book(s) 书

 banned　禁书

 capitals　世界图书之都

 development timeline　书籍发展年表

 first editions　初版书

 first English printed　第一部英语印刷书

Homer　荷马

illuminated manuscripts　泥金装饰手抄本
incunabula　摇篮本
ink　墨水
ISBN numbers　国际标准书号

Joyce, James　詹姆斯·乔伊斯
juvenilia　少年时期作品

Kafka, Franz　弗朗茨·卡夫卡
King, Stephen　斯蒂芬·金

Lane, Allen　艾伦·莱恩
languages, made-up　虚构语言
legal deposit　呈缴本制度
Lessing, Doris　多丽丝·莱辛
libraries　图书馆
literary families　文学世家
literary movements of note　著名的文学运动

Man Booker Prize　布克奖
Mills & Boon　米尔斯与布恩出版公司
Mitchell, David　戴维·米切尔
Mitchell, Margaret　玛格丽特·米切尔
movies that started life as books　由书改编的电影
Murakami Haruki　村上春树

Nabokov, Vladimir 弗拉基米尔·纳博科夫

Neruda, Pablo 巴勃罗·聂鲁达

Nobel prize in literature 诺贝尔文学奖

noms de plume 笔名

novels 小说

    continuation 续写小说

    famous last lines 著名的结束语

    famous opening lines 著名的开场白

    recurring characters 反复出现的角色

    titles, alternative 被改名的书

    unfinished 未完成的小说

Orwell, George 乔治·奥威尔

paper, history of 纸的历史

papyrus 纸莎草

Penguin paperbacks 企鹅平装书

poets laureate 桂冠诗人

Potter, Beatrix 比阿特丽克斯·波特

publishing house, oldest 最古老的出版社

publishing rejections 退稿

Pulitzer prize for fiction 普利策小说奖

Quills 羽毛笔

quotations on books and reading 关于书籍和阅读的名言

Rowling, J. K. J.K.罗琳

Ruskin, John　约翰·罗斯金

Samuel Johnson Prize　塞缪尔·约翰逊奖

scriptoria　缮写室

Shakespeare, William　威廉·莎士比亚

Stationers' Company　出版同业公会

Stevenson, Robert Louis　罗伯特·路易斯·史蒂文森

Tennyson, Alfred, Lord　阿尔弗雷德·丁尼生勋爵

timeline, development of the book　书籍发展年表

Tolkien, J. R. R.　J. R. R. 托尔金

Twain, Mark　马克·吐温

UNESCO World Book Capitals　联合国教科文组织世界图书之都

Vellum　犊皮纸

Voltaire　伏尔泰

Vonnegut, Kurt　库尔特·冯内古特

Voynich Manuscript　《伏尼契手稿》

Woolf, Virginia　弗吉尼亚·伍尔夫

World Book Day　世界读书日

writing tips　写作技巧

　　George Orwell's　乔治·奥威尔的写作技巧

　　Kurt Vonnegut's　库尔特·冯内古特的写作技巧

图书在版编目（CIP）数据

书虫杂记 /（英）克莱尔·科克-斯塔基著；许梦鸽译. —北京：商务印书馆，2020（2023.10重印）

ISBN 978 - 7 - 100 - 18847 - 0

Ⅰ. ①书… Ⅱ. ①克… ②许… Ⅲ. ①图书史 — 世界 Ⅳ. ①G256.1

中国版本图书馆 CIP 数据核字（2020）第140085号

书 虫 杂 记

〔英〕克莱尔·科克-斯塔基　著

许梦鸽　译

商 务 印 书 馆 出 版
（北京王府井大街36号　邮政编码 100710）
商 务 印 书 馆 发 行
山西人民印刷有限责任公司印刷
ISBN 978 - 7 - 100 - 18847 - 0

2022年4月第1版　　　　开本 760×960　1/32
2023年10月第3次印刷　　印张 6⅞

定价：55.00元